rowohlts monographien
begründet von Kurt Kusenberg
herausgegeben
von Klaus Schröter

Heinrich Böll

mit Selbstzeugnissen
und Bilddokumenten
dargestellt von
Klaus Schröter

Rowohlt

Dieser Band wurde eigens für «rowohlts monographien» geschrieben
Den Anhang besorgte der Autor unter Mitarbeit von Helmut Riege
Herausgeber: Kurt und Beate Kusenberg
Assistenz: Erika Ahlers
Schlußredaktion: K. A. Eberle
Umschlagentwurf: Werner Rebhuhn
Vorderseite: Heinrich Böll, etwa Mitte der sechziger Jahre (dpa)
Rückseite: In seinem Arbeitszimmer 1977 (Foto: H. Schumacher)

Veröffentlicht im Rowohlt Taschenbuch Verlag GmbH,
Reinbek bei Hamburg, November 1982
Copyright © 1982 by Rowohlt Taschenbuch Verlag GmbH,
Reinbek bei Hamburg
Alle Rechte an dieser Ausgabe vorbehalten
Satz Times (Linotron 404)
Gesamtherstellung Clausen & Bosse, Leck
Printed in Germany
780-ISBN 3 499 50310 7

Erweiterte Ausgabe
33.–36. Tausend September 1987

Inhalt

Kleine Einleitung

Heinrich Böll ist der einzige deutsche Träger des Nobelpreises für Literatur nach dem Zweiten Weltkrieg. Als Hermann Hesse und Nelly Sachs diesen Preis in der Nachkriegszeit empfingen, waren sie keine deutschen Staatsbürger mehr. So trug Böll zusammen mit nur wenigen anderen zeitgenössischen Autoren vornehmlich dazu bei, der jüngsten Literatur deutscher Sprache ein internationales Interesse, ja ein Ansehen zu gewinnen. Sein Werk ist womöglich in der Sowjet-Union noch höher geachtet und gewiß weiter verbreitet als in Nordamerika. Die Bedeutung, die Böll in Ost und West zugemessen wird, ist unvergleichlich hoch. Sie wird meist nach moralischen oder ästhetischen Kategorien bemessen, vergleicht sich dabei selten zur Wohlabgewogenheit zwischen beiden. Und zu der Achtung, die Böll entgegengebracht wird, ist die Mißachtung zu zählen, die in der westdeutschen Öffentlichkeit mehrfach bis zur Verleumdung, bis zur Denunziation getrieben worden ist.

Das ist in Deutschland – ganz anders als in anderen Nationen – hervorragenden Schriftstellern wie Lessing, Goethe, Fontane und Heinrich und Thomas Mann immer wieder geschehen, daß ihre Bewertung gesellschaftlichen Ansprüchen unterworfen wurde, die ihre Dringlichkeit aus der geschichtlichen Entwicklung herleiteten. So war Goethe im zerrissenen Deutschen Bund den Jungdeutschen ein Fürstenknecht, im geeinten Kaiserreich den Besitzbürgern ein Olympier wie Jupiter; Fontane den wilhelminischen Preußen ein heiterer Affirmator der Ständegesellschaft, späteren Demokraten ein Sympathisant des vierten Standes; Heinrich Mann den Republikanern ein besseres Leitbild als der Reichspräsident, den Restaurativen nachmals ein blinder Volksfrontler, und Thomas Mann war und ist dies alles immer noch gleichzeitig, bis zurück zum Olympier. Fast so auch Böll. Denn die Polarisierung, eher noch: Fraktionierung der Gesellschaft ist seit 1949 nicht nur durch zwei Staatengründungen auf deutschem Boden, sondern durch die internationale Abhängigkeit dieser beiden Staaten derart vorangetrieben, daß heute gar keine Stellung mehr bezogen, gar kein Urteil mehr gefällt werden kann, ohne eine Fraktion zu treffen.

Böll leidet unter diesem Anspruch des Gesellschaftlichen. Er führt seine Überspitzung auf einen spezifischen Niedergang der Sphäre des Öf-

Der Großvater, Schreinermeister Heinrich Böll, und seine Kinder, 1897. Ganz links der Vater Viktor Böll

fentlichen zurück. Er findet, daß dem Schriftsteller zu viel abgefordert wird. Dennoch stellt er sich diesem Anspruch in erzählerischen und kritischen Arbeiten. Er öffnet sich diesem Anspruch im Gespräch. Er hat der Literatur damit buchstäblich eine neue Form geschaffen. Er ist der erste Autor, in dessen Werk Interviews mehr als ein Drittel seiner kritischen Beiträge ausmachen; und er exzelliert in dieser neuen Form, die dem kommunikativen Aspekt der Literatur einen direkteren, unmittelbarer publikumsbezogenen Ausdruck verschafft als jede andere.

Zugleich gefährdet diese Öffentlichkeitsarbeit, dieses Arbeiten im Öffentlichen den Autor auf mehrfache Weise: Zusammenhang und Einheitlichkeit seines Denkens und Urteilens mögen zerrissen, seine Stellungnahmen mehr als gewöhnlich durch die Gelegenheit provoziert und der Berichtigung bedürftig sein. Das Problem, das sich aus alldem ergibt, wird im modernen Jargon (oder, wenn man will: in der neuen Fachsprache der Public Relation, der P. R.-Beziehung) abgekürzt mit dem Schlagwort «image» angedeutet. Böll selbst trägt Sorge um sein «image». Aber natürlich hat er die Bausteine zu ihm geliefert.

Wie ist Bölls «image»? Durch zwanzig Jahre seines Schaffens hat Böll mit Auskünften über sich zurückgehalten. Ein *Über mich selbst* von 1959 enthält so gut wie gar keine Informationen; die werden etwa zehn Jahre später als einige Daten zu Ausbildung und Werdegang in *Heinrich Böll über sich selbst* nachgereicht. Aber was in *Über mich selbst* an Auskunft fehlt, wird wettgemacht durch eine reiche, höchst selektiv verfahrende und eher mythologisch zu nennende Anweisung zur Deutung seiner selbst. Die P. R.-Arbeit seiner Verlage in den fünfziger Jahren liefert weitere Deutungsansätze, die sich opportunistisch dem zuordnen, was die Gesellschaft der Adenauer-Ära hören wollte. «Geschult an amerikanischen Vorbildern», stellt der Paul List Verlag die Erzählungen *Wanderer kommst du nach Spa ...* im Taschenbuch als «Geschichten vom wirklichen Leben» vor. Beide Punkte würde man 25 Jahre später entschieden vorsichtiger formulieren. Der Ullstein Verlag rühmte *Und sagte kein einziges Wort* als «wichtigstes literarisches Ereignis 1953». Aber verdienten diesen Titel nicht Veröffentlichungen von Benn, Koeppen, Max Frisch, Dürrenmatt oder sogar Thomas Manns letzte Novelle «Die Betrogene»? Zum Taschenbuch *Wo warst du, Adam?* ließ sich das Haus Ullstein die existentialphilosophische Schmonze einfallen, daß im Roman «die verborgene Wahrheit des menschlichen Daseins sichtbar» werde und daß «das Erlebnis des Krieges» hier «die dichterische Sublimierung ... erfahren» habe. Aber diesem Verlag würde Böll heute seine Werke schon gar nicht mehr geben ... Darf Bölls Werk in seinen Themen und Problemen derart verinnerlicht werden? Oder hat vielmehr sein jetziger Verlag Kiepenheuer & Witsch recht, zu Ende der siebziger Jahre den Aufsatzband *Einmischung erwünscht* den Lesern durch die Reklame zu empfehlen, in diesem Band werde «die Position des Poetischen immer auch zum Politikum»? Oder wurde die Reklame so entworfen, weil Böll durch sein politisches Engagement zu Anfang der siebziger Jahre im Leser die Erwartung geweckt hatte, jedes neue Werk werde ein «Politikum» sein?

Wichtiger als die Frage nach Bölls «image» ist die Frage nach seinem Selbstverständnis. Es wird in verschiedenen Bereichen verschieden gründlich und genau sein. Den Selbstdeutungen der Autoren traut er im Ganzen wenig: Seine Ästhetik und Literaturtheorie sind einerseits konventionell, andererseits brüchig und widersprüchlich. Sie sind hervorgegangen aus einem Zurückweichen und Sich-Verschließen vor den zeitgenössischen gegnerischen Positionen z. B. Benns und Brechts; aber sicher mehr noch aus der Verachtung der ärgerlichen Ranküne, mit der deren Diadochen auf dem Feld der Theorie, zu dem sie die Welt erklärt hatten, gegeneinander herzogen. Bölls Ästhetik und Literaturtheorie sind Enthaltungen angesichts der polarisierten Fraktionen. Sie sind Ausweichmanöver, um nicht von einer der sogenannten Kultur«revolutionen» unserer Epoche vereinnahmt zu werden. Er schreibe *nicht aus einem moralischen*

Impetus, sagte Böll zu Heinz Ludwig Arnold, *das wird überschätzt, bei mir immer.*[1]* Noch ausweichender äußerte er sich gegenüber René Wintzen: *Ob man Kommunist ist oder Katholik oder beides, was ja möglich ist, oder liberal, demokratisch, sozial-demokratisch, ist eigentlich nebensächlich. Wichtig ist die Sprache und ob man das, was man ausdrücken will, ausdrücken kann.*[2]

Zu solchen abweisenden Selbstdeutungen seiner Schriftstellerei gesellt sich eine andere Ungewißheit in Bölls Selbstverständnis: Es fällt ihm schwer, die gesellschaftliche Klasse seiner Herkunft zu bestimmen. In vielen Ansätzen hat er diese Bestimmung versucht. Er hat sich aus den Kategorien der modernen Soziologie eine reiche Palette von Begriffen zusammengesucht, die vom *Bürger* über den *Kleinbürger* bis zum *Proleten* reichen. Er hat ferner die bekannten Randschattierungen von *Bohème* bis *Anarchie* hinzugenommen. Auch daß ein Wechsel der Klassen unter besonderen Bedingungen vollzogen werden kann, ist ihm geläufig. Und wenn seine Einschätzungen meistens aufs Kleinbürgerliche hinweisen, so ist es doch zu einem beruhigten Selbstverständnis nicht gekommen. Die Schwierigkeiten der Identifikation, die Bölls gesamtes Denken durchziehen, drücken sich hier besonders stark aus. Folgen der Weltwirtschaftskrise 1930 für sein Elternhaus bedenkend, hat Böll sich noch jüngst die Frage gestellt: *Wirtschaftliche Schwierigkeiten der krassesten Art, hatten sie uns nur deklassiert oder klassenlos gemacht?* Für Böll ist das keine Fangfrage. Allen Erkenntnissen der Soziologie, daß eine klassenlose Existenz gar nicht denkbar sei, zum Trotz, hat er an ihr als Problem festgehalten. *Bloß deklassiert oder klassenlos? Die Frage bleibt unbeantwortet.*[3]

Mit all diesen Fragen haben Böll selbst und sein «image» diese kleine Einleitung schon fast überbürdet. Es sind alles Fragen von dem generellen Interesse, das das Verhältnis des Einzelnen zur Gesellschaft, der schönen Künste zur Ethik, zur Politik und zu den Wissenschaften bewegt. Bölls Werk entwickelt sich noch, es zeigt auch zu sehr den Charakter der Suche, des Ausprobierens von Positionen, als daß wir aus ihm Antworten zu allen Fragen erwarten dürften. Aber diese Fragen werden unsere Darstellung begleiten. Sie kreisen um einen Autor, der sich mit Mut und meist mit Gelassenheit und oft seinem «image» zum Trotz den Zeitfragen gestellt hat.

* Die hochgestellten Ziffern verweisen auf die Anmerkungen S. 128 f.

«Wie wars in Köllen doch vordem . . .»

Als wir Köln wiedersahen, weinten wir.[4] Das war im November oder Dezember 1945. Heinrich Böll war 28 Jahre alt, einer der vierhunderttausend überlebenden Einwohner. Köln war zu 72 Prozent zerstört. Böll hatte bisher nur eine Lebensspanne erlebt, die heiter und glücklich gewesen war, seine Kindheit. In seiner Jugend brachten Folgen der Weltwirtschaftskrise seinem Elternhaus nie wieder aufgeholte finanzielle Einbußen. Als Heranwachsender erfuhr er den Terror des Naziregiments. Als junger Mann wurde er zum Reichsarbeitsdienst eingezogen, dann in die Wehrmacht. Als Infanterist nahm er, nach langem Dienst in der Etappe, an den Kämpfen der Ost- und der Westfront teil. Er hatte den Krieg überstanden, aber er war *sehr geschwächt*, war *zwei Jahre lang fast arbeitsunfähig*[5]. Und weitere schwere Erschütterungen durch Entwicklungen im Nachkriegsdeutschland sollten folgen.

Was Böll erspart geblieben war, war der Verlust seiner Heimat. Köln war seine Vaterstadt, und ein Bürger Kölns ist Böll bis heute geblieben. Dieses Lebensfaktum hätte allein ein abgesichertes Netz von dauerhaften geistig-künstlerischen Beziehungen herzustellen vermocht. Doch Bölls Schwierigkeiten der Identifikation zeigen sich schon hier: Köln ist nicht in dem Maß wie Illiers-Combray für Proust, Dublin für Joyce, Berlin für Alfred Döblin oder Danzig für Günter Grass zum Material seiner schriftstellerischen Arbeit geworden. Auch hat Böll seiner Vaterstadt nicht eine so verpflichtende ethische Essenz bürgerlichen Wohlverhaltens abgepreßt, wie Thomas Mann das mit «Lübeck als geistiger Lebensform» getan hat. Dabei bot Köln mit seiner zweitausendjährigen Geschichte eine reichere Vielzahl von Bezugspunkten als die meisten anderen Orte. Der Umschlag- und Handelsplatz am Rhein war seit seiner planvollen Besiedlung mit Ubiern durch den Feldherrn Marcus Vipsanius Agrippa, einen Freund des ersten römischen Kaisers, Augustus, bis in die neueste Geschichte ein Ort weltlicher und geistlicher Verwaltung und Kultübung. Köln war Garnison, eine Hauptstadt von Industrie, Finanz und ein großer Markt sinnlicher Freuden. Der Grundriß der römischen Stadt rechts und links der alten Nord-Südachse, der Hohen Straße, ist im Stadtplan noch heute erkennbar. Einige Türme der antiken Stadt bezeichnen noch deren

Januar 1946

Befestigung. Das Ubiermonument, Teil der römischen Befestigung, gilt als der älteste römische Steinbau nördlich der Alpen. Die romanische Kirche Groß St. Martin steht auf den Fundamenten der römischen Hafenspeicher, und die Mauern des Zentralbaus von St. Gereon – *Märtyrerkirche, Meutererkirche: ein gegen Rom rebellierender Thebäer gab ihr den Namen* [6] – stammen aus den Zeiten der Colonia Claudia Ara Agrippinensis. Der Palast des Statthalters über Niedergermanien, das Prätorium,

war nach der Fassade des Diokletian-Palastes in Split gestaltet, und neben ihm, die Stadtfront zum Rhein nach Süden verlängernd, ähnelte das Theater demjenigen, dessen Bühnenbau heute noch in Orange so gut erhalten ist. Böll verhält sich zu diesen Resten kühl, auch wenn er sie Freunden vorzeigt. *Dann fahren wir nach Gereon, und auch ins Praetorium fahren wir runter mit dem Fahrstuhl; ich zeige dieses römische Gestein und diesen römischen Staub, der da immer noch liegt.*[7] Den fortlebenden Geist

des Römischen erblickt er in der *kölschen Arroganz*, dieser *Arroganz ... die fast römisch ist. Die Römer haben ja auch diese Arroganz gehabt gegenüber den Germanen.*[8]

Hat der Name der Straße, in der Böll geboren wurde, seine Parteinahme gegen die Römer angeregt? Es war die Teutoburger Straße in der Neustadt-Süd, wo Böll im Haus Nr. 26 geboren wurde und bis zu seinem sechsten Lebensjahr wohnte. Ihr Name rief jedem deutschen Kind das historische Datum ins Gedächtnis, das der Ausdehnung des römischen Reichs unter Augustus über den Rhein nach Norden und Nordosten einen Riegel vorschob: die katastrophale Niederlage des P. Quintilius Varus und seiner Legionen, die ihnen durch den Cherusker Armin an der Spitze eines Bundes germanischer Völker im Jahre 9 im Teutoburger Wald bereitet wurde. Andererseits führte die Teutoburger Straße in den Römerpark hinein, ein Lieblingsspielplatz Heinrich Bölls und eingefaßt von lauter Straßen mit römischen Kaisernamen. Das Fortleben der römischen Saturnalien und Lupercalien im Fasching, im *Straßenkarneval* läßt Böll gegen den *Kommerz* des *Karnevalzuges – mit den Kappen und*

Sitzungen und diesem ganzen bürgerlichen Scheiß – durchaus gelten. *Aber der Straßenkarneval, der ja viel ältere Wurzeln hat als Köln – über Köln hinaus, den wir in Mainz und auch in Nijmegen und in Holland finden...* habe *noch immer seine Reize.*[9] *Karneval ist vulgär, mit aller Größe und allem Schrecken des Vulgären... der Karneval stammt aus dem Volk, er ist klassenlos.*[10]

Bölls Parteinahme für die Meuterer gegen Rom – bis in eine Erzählung dringt das Thema der Thebäischen Legion, einer angeblich ägyptischen Truppe des Kaisers Maximian, neben Gereon wird der in Neuß verehrte Legionär Quirinus erwähnt[11] – deutet bereits auf ein Grundmuster Böllscher Vorstellungen. Er beanstandet die Idee des römischen Patriarchats und das römische Standesklassendenken. *Im Grunde waren es nur die Adelsfamilien, die wichtig waren, weil man da wieder die Führer ausbrütete, die Oberste, Generäle, die Senatoren, die Konsuln. Die Fassade der sogenannten keuschen römischen Frau und Familie wurde aufrechterhalten, aber wenn Sie dann Geschichte lesen, was da alles hinter den Kulissen sich abgespielt hat an Promiskuität, an Prostitution, so kommen Sie auf ein*

St. Gereon

ähnliches Modell wie das katholische. An diesem Punkt verallgemeinert sich Bölls Argwohn gegen das patriarchalische Standesdenken zu jenem grundsätzlichen Einwand gegen *das Römische*, in dem er *die Verrechtlichung aller Dinge* im römischen Staat erkennt.[12]

Zu solchen historischen Durchblicken gelangte Böll erst im Alter. Als Knabe hat eine andere Adresse seines Elternhauses, wo er von 1930 bis 1933 gelebt hat, auf die früheste Geschichte seiner Stadt hingewiesen, der Ubierring. Die Ubier waren die am meisten «verwestlichten» Germanen. Sie hatten den Galliern städtebauliche Planung abgesehen und betrieben schon einen beachtlichen Außenhandel. Caesar lobt ihre Fortschrittlichkeit. Agrippa, der ihnen die Oppidum Ubiorum um den Domhügel zuwies und sie einen Altar für den Augustus zur Zeit der Errichtung der Ara Pacis in Rom aufstellen ließ, rühmt ihre Leistungen auf den Gebieten des Schiff- und Hafenbaus, der Rheinfahrt und des Handels. Böll weiß von den *ebenso biederen wie geschickten Ubiern, die in Köln ihre Götter verehrten*[13]. Sind es ihre Mutterkultbilder, die Böll in dem ersten seiner drei Gedichte auf Köln besingt? Nicht der *Madonna*, nicht *Venus*, sondern der *dunklen Mutter* gelingt es, das Widersprüchliche der Geschichte zu vereinen: *in Labyrinthen / unter der Stadt / verkuppelt sie die Madonna / an Dionys / versöhnt den Sohn mit Venus / zwingt Gereon und Caesar / zur Großen Koalition / sich selbst verkuppelt sie / an alle die guter Münze sind.*[14] Dem Nachdenken über zwei große Themen im Böllschen Werk hat die Umwelt des Jungen mit Römern und Ubiern jedenfalls nachgeholfen: seine Sympathie wird den Frauen gelten, den *Tätigen dieser Erde*[15], nicht den patriarchalischen bellicosen Männern, die er – *die Begriffe Mann und dumm waren für mich fast identisch geworden*[16] – später fast einmal der *Lächerlichkeit* zeihen wird.[17]

Auf Ubierring 27 folgte Maternusstraße 32. Beide Adressen gehörten zum mittelalterlichen Vorstadtbezirk von St. Severin. Die ursprünglich romanische Basilika war über einer spätrömischen Friedhofskirche errichtet worden, die im Mittelpunkt eines Gräberfeldes vor den Toren der Colonia gestanden hatte. Christen hatten das Gräberfeld und die antike Kapelle weiterbenutzt, seit sie nicht nur geduldet, sondern als Träger der neuen römischen Staatsreligion gefördert wurden. Auf diese Zeit verwies der neue Straßenname: Maternus war der erste Bischof Kölns, der Stadt verordnet von Kaiser Konstantin, als dieser noch zwei Tagereisen rhein- und moselaufwärts in Trier, der Roma secunda, residierte. Später, als Gymnasiast, und schon unter den Nazis, half Böll für die Pfarre St. Maternus in der *Verteilungsstelle der «Jungen Front», der letzten, tapferen untergegangenen Wochenzeitung der katholischen Jugend*[18].

Seit Karls des Großen Zeiten war Köln Erzbistum und herrschte über die Bistümer Lüttich, Utrecht, Münster, Osnabrück, Minden und – bis ins 9. Jahrhundert hinein – über Hamburg und Bremen. Einflußreiche Kardinäle gingen aus dieser Verwaltung hervor, von denen uns einer in der

Adenauer-Ära begegnen wird. Nicht, daß Böll sich dem Glauben hingab, das geistliche Regiment sei ein friedvolles und durchweg segensreiches gewesen. *Jahrhundertelang herrschte Streit zwischen Köln und seinem Bischof; Schlachten wurden geschlagen, Listen ersonnen, Bannflüche in Rom erwirkt, Priester und Sakramente der Stadt entzogen; und es ging meistens um Geld, Besitz, Privilegien.*[19] Für die Entwicklung der Stadt war der Rhein als Handelsstraße wichtiger, und noch wichtiger war das mittelalterliche Stapelrecht: Vorbeischiffende Waren mußten hier ausgeladen und zum Kauf angeboten werden. Noch der Vater Viktor Böll kaufte auf dem mittelalterlichen Holzmarkt vom Stapelplatz der Gebrüder Boisserée die Edelhölzer für seine Schreinerwerkstatt. Der Knabe Heinrich am Ufer *auf der abschüssigen Basaltmauer* sitzend, sah zu, *wie die Flöße aus der Biegung bei Rodenkirchen kamen, mit telegraphenstangenlangen Masten gebremst, geschwenkt, ans Ufer manövriert wurden ... der Rhein brachte das Holz, und auch frischgesägtes Holz roch gut: säuerlich und harzig, streng und milde zugleich.*[20]

Wenn Böll später behauptete: *Ich kenne Köln fast gar nicht* und sich auf eine *Fremdheit gegenüber der Welt, in dem Falle Köln*[21] und darauf berief, *daß es ein fast fiktives Köln* sei, das ihn allenfalls anziehe, so hängt das mit dem Wunsch zusammen, sich zu distanzieren und mit der Neigung, Identifikationen zu vermeiden. Was ihm als *fast fiktives Köln* erscheint, ist das historische Köln oder das, was nach seinem Wiederaufbau von historischer Substanz noch durchscheint. Seine drei Köln gewidmeten Gedichte sind von dieser historischen Substanz ganz durchtränkt. Sie bezeugen in ihrem sehr persönlichen Durchblick in die Vergangenheit Bölls Nähe zu geschichtlich Überliefertem überhaupt. Sie sprechen, anders als alle kritischen essayistischen oder mündlichen Äußerungen, diese Verbundenheit ganz unmittelbar aus. Sie gehen von jener versöhnlich-kupplerischen *dunklen Mutter* (*Köln I*) über zur uralten Colonia, *über zerbrochenen Bischofsstäben / kocht sie ihr Süppchen / Material / aus Tränen / Asche der Heiligen / Hurenblut / Bürgertalg / zermahlenem Domherrengebein* (*Köln II*).[22] Das letzte ist ein Abriß vom immerwährenden Bau und Umbau Kölns zwischen Vergangenheit und Gegenwart, *wieder mal aufgewühlt / im dreißigjährigen Krieg / der Bauplaner* und: *erbarmt euch unser / ... im zweitausendjährigen Krieg / der Gründlinge* (*Köln III*).[23] Immer geht hier Bölls Blick in die *Labyrinthe unter der Stadt*, in die Schichten *tief unterm Dom*, in die Geschichte Kölns.

Bölls Denken ist wesentlich geschichtlich. Seine oft wiederholte Bemerkung, daß man in Köln *Autorität nicht Ernst nimmt*[24], und zwar *weltliche Macht* nicht und *geistliche Macht weniger ernst, als man gemeinhin in deutschen Landen glaubt*[25], ist auf die alten, das ganze Mittelalter hindurch ausgetragenen Streitigkeiten der Kaufmannsstadt mit ihren Erzbischöfen zurückzuführen. Im 12. Jahrhundert schlossen sich Bürger in Schwurgenossenschaften und neuen Stadtbefestigungen von den geistlichen Herren ab. Im 14. Jahrhundert führten die Zünfte den Sturz des patrizischen Regiments herbei und gründeten die erste bürgerliche deutsche Stadtuniversität. Die Kölner – diese Linie zieht Böll bis ins 20. Jahrhundert durch *sind die am wenigsten fanatische Rasse, die ich kenne, und es ist gewiß kein Zufall, daß Hitler sich in keiner Stadt so wenig wohlgefühlt hat wie in Köln; die Souveränität der Bevölkerung liegt so sehr in der Luft, daß kein Tyrann, kein Diktator sich in Köln wohlfühlen kann*[26]. Auch diese kölnische Bevölkerung ist für Böll ein Gebräu ihrer Geschichte, die *sagenhafte Rasse der Kölner* bestehe *aus soviel Elementen wie es Heere, wandernde Völker in Europa je gegeben hat; alles was zwischen Moskau und Calais, zwischen Neapel und Stockholm je auszog, das Fürchten zu lernen, von allem ist in Köln etwas hängen geblieben ... Diese Mischung hat in zweitausend Jahren allerlei Weisheit angehäuft, und sie gibt ihre Weisheit, wohldosiert, weiter an alle Zugewanderten, an jeden, der sie hören mag ...*[27]

In diesem historischen Empfinden schichten sich für Böll persönlich mehrere *Kölns* eigener Erfahrung übereinander: *das erste, in dem ich meine Jugendzeit verbracht habe, aus dem ich dann auszog, um das Fürchten zu lernen, dann das zerstörte Köln, ein ganz anderes als das alte, und dieses jetzt hier vorhandene, das mir fast völlig fremd ist und für mich literarisch überhaupt keine Bedeutung mehr hat.*[28] Das ist eine Äußerung des Jahres 1967. Zwölf Jahre später ergänzte Böll seine Kölner Schichten um eine

St. Maria im Kapitol

weitere: *Ich hab' zu allen Kölns ein distanziertes Verhältnis. Es gibt inzwischen ja noch ein viertes Köln, das ich das Auto-Köln nenne ... eine Großstadt mit ihren paar hunderttausend Autos, die auch den Rhein fast unzugänglich machen ... Die Ruhe des Rheins ist verloren ...*[29]

Der Rhein und dann *Fabriken, Vororte, römische Mauern*[30], das sind zusammen mit der *sagenhaften Rasse* der Kölner für Böll die Elemente dessen, was kölnisch ist. Der Dom ist es nicht; *der Dom ist viel weniger kölnisch als andere Kirchen; nicht einmal als Bischofskirche ist er in der Stadt so richtig warmgeworden.*[31] Seinen Stadtbummel beginnt Böll da, wo die Kölner den kapitolinischen Göttern Jupiter, Juno und Minerva geopfert hatten und wo heute eine der bedeutendsten Kirchen der Salierzeit, St. Maria im Kapitol, an Stelle des alten Tempels steht. *Ich zeige sehr oft Köln ausländischen Freunden, die mich besuchen, die so eine vage Vorstellung haben von Cathedral und so weiter. Und ich hab' da einen bestimmten Gang. Ich geh' zuerst nach St. Maria im Kapitol, versuche denen klarzumachen, was das früher für ein herrliches fünfschiffiges Gebilde war, zerstört, wieder aufgebaut, aber im Grunde ist die Stimmung nicht rekonstruierbar; und dann gibt's da eben eine Madonna, die mich sehr reizt, die ich sehr liebe ...*[32] Es sind in der Folge *lauter romanische Kirchen*, die Böll gern aufsucht und zeigt.

Was die *Cathedral*, den Dom angeht, so ist das für Böll ein problembeladener Komplex, der mit der Annexion Kölns durch Preußen 1815 und auch mit stark anti-preußischen Gefühlen, die ihm sein Vater geweckt hat, zusammenhängt.

Viktor Böll, der Vater, war 1896 als Sechsundzwanzigjähriger von Essen nach Köln gekommen. Er war der Sohn eines Schreinermeisters, der es zu standesgemäßem Wohlstand gebracht und sich im Laufe seines Lebens vier Häuser – damals die Rentensicherung der Besitzbürger und Kleingewerbetreibenden – gebaut hatte, *ein sehr erfolgreicher Mann im kleinbürgerlichen Sinne*[33]. Seine beiden Söhne nahm der Alte, nachdem sie die Volksschule durchlaufen hatten, in seine Werkstatt in die Schreinerlehre. Noch als Geselle zu Essen lernte Viktor Böll seine erste Frau kennen, die aber, nach der Geburt von drei Kindern, kurz nach der Jahrhundertwende in Köln starb. Von den Stiefgeschwistern reicht nur Grete Böll weit in die Lebensspanne Heinrich Bölls hinein.

Die Kölner Geschäftsgründung Viktor Bölls und die Entwicklung, die der Betrieb bis 1930 nahm, zeigen den Ehrgeiz, über die von Haus aus mitgegebenen Bedingungen beruflich und damit auch gesellschaftlich hinauszugelangen. Schon in der Wahl des Wohnviertels, der südlichen Neustadt Kölns, die Viktor Böll nur im Rentenalter verließ – sein Betrieb lag fortdauernd im Hinterhaus der Vondelstraße Nr. 28/30 –, deutet diesen Ehrgeiz an. Er widersprach mit ihm der Essener Herkunft, die in den Industriebezirken im Norden der Stadt, direkt angrenzend an das Werksgelände der Firma Krupp, gelegen hatte. Der Vater sei, so erinnert sich

Der Vater, Schreinermeister Viktor Böll   Die Mutter Maria, geb. Hermanns

der Sohn, *mitten im Kruppschen Getümmel fast vor dem Fabriktor geboren. Er habe Köln sehr geliebt ... Die schöne alte Stadt mit ihren Kirchen
und ihrer Geschichte, auch ihrer Freiheit, hat ihn gelockt ... Und ich ver-
mute – wir haben da nur andeutungsweise darüber gesprochen –, er war
antikruppisch erzogen von meinem Großvater, der ein großer Gegner
Krupps war ... antipreußisch, antimilitärisch und so weiter. Wahrscheinlich, oder ziemlich sicher, war das Kölner Milieu in seiner relativ demokratischen Gelassenheit und Freiheit eine ungeheure Verlockung und auch ein
Gewinn für meinen Vater.*[34]

«Böll & Polls, Atelier für kirchliche Kunst» firmierte Viktor Böll, als er
sich mit dem Kompagnon Wilhelm Polls zusammengetan und das Kölner
Geschäft gegründet hatte. «Werkstätten für Schnitzwerke figürlicher und
ornamentaler Darstellung aller Art», gab der Briefkopf des weiteren an,
«Ausführung von Kirchen- und antiken Mobiliar-Gegenständen sowie
sämtliche Restaurations-Arbeiten». Man kann einige Möbelstücke, Kir-
chenbänke (das Gestühl der Maternuskirche stammt u. a. aus Böll &
Polls' Werkstatt) und einen Altar in dem Bilderbuch besehen, das Hein-

20

rich Bölls älterer Bruder Alfred herausgegeben hat. Die Produkte sind von beklemmender Epigonalität. Und wenn Viktor Böll sich aus dem Essener Arbeiterviertel loslösen, vom Schreinern zum Bildschnitzen aufsteigen und einen freien demokratischen Bürgersinn mitsamt etwas Anti-Preußentum hat entwickeln können, in seiner gewerblichen Ausübung blieb er dem Geschmackskanon des schlimmsten Wilhelminismus, einem neogotischen Schnörkelwesen hingegeben. Übrigens berichtet Alfred Böll, daß der Vater in der Firma mehr die geschäftliche Seite der Korrespondenz und die Bücher zu führen hatte. Viktor Bölls Berufsangabe lautete «Bildhauer» – das ist der umfassendste Begriff, der «Steinhauer» und «Holzschnitzer» gleichermaßen umgreift. Auch Heinrich spricht von seinem Vater als *Bildhauer*, fügt aber, wenngleich nur gelegentlich, das berichtigende *und Tischlermeister* hinzu.[35] Wenn es ausschließlich bei der Angabe *Bildschnitzer*, *Bildhauer* bleibt, ist sie irreleitend, insofern sie einem handwerklichen Beruf die Illusion des Kreativen beimischt, das in der Herstellung vorgeprägter Dekorationen in epigonaler Manier der Sache nach nicht, in der ehrgeizigen Vorstellung aber sehr wohl anwesend sein kann. Die gute Stube der Viktor Böllschen Wohnungen war jeweils vollgestellt mit solch krausen Konsolen, bleiglasbewehrten Bücherschränken, zinnenbestückten Spiegelschränkchen und einer entsetzlichen neogotischen «Kreuzigungsgruppe». Ja, die katholische Bildungsbeflissenheit – mit «Herders Konversations Lexikon» auf dem Schreibtisch – hatte es sich angelegen sein lassen, in die Türen des Bücherschranks «farbige Glasporträts von Dante und Thomas von Aquin» einsetzen zu lassen.[36] Man begreift leicht, daß der gesellige Verkehr, an dem es nie mangelte, sich lieber um den großen Küchentisch abspielte. Man muß die Diskrepanz, die sich hier zwischen Schreinerwerkstatt und guter Stube auftut, wohl noch sehr viel schärfer fassen, als Heinrich Böll das in gelegentlichem Rückblick wagt: *Meine Eltern hatten beide nur die Volksschule besucht, höhere Schule, das war bei ihren Eltern nur was für die Söhne, und das Studieren war nur erlaubt, wenn einer Theologie studierte* ... *Meine Eltern hatten wohl heftiger unter diesem Zwang und anderen Zwängen gelitten, als sie zugaben, uns aber wollten sie frei sehen, in «freier Entfaltung».*[37] Viel prägender als ein religiöser *Zwang*, oder *Zwänge*, die eine Berufswahl regeln, ist das Begehren, in den gesellschaftlichen Klassen aufzusteigen, in Viktor Bölls Fall: vom Kleinbürger zum Bürger zu werden, zumal die wilhelminische Vorstellung im neuen Deutschen Reich sich den Bürger ausschließlich mit Besitz und Bildung – und das eine nicht ohne das andere – vorzustellen vermochte. Wie in seinem Geschmack, so folgt Viktor Böll auch in seinem Begreifen der Gesellschaft – *anti-preußisch* oder *anti-militärisch* hin oder her – dem Kanon des Standesdenkens seiner Zeit. Wir beginnen hier zu vermuten, daß Heinrich Böll, der in anderen Bereichen, wie denen des Glaubens, der Loyalität, des demokratischen Sinnes, soviel vom väterlichen Erbe zu übernehmen und weiterzuführen vermochte, gerade gegen «Bildung» und «Besitz» einen nagenden Argwohn im Anblick des bleiverglasten Bücherschranks in der guten Stube seines Zuhauses ein für allemal faßte.

Heinrich Böll wurde am 21. Dezember 1917 als das 8. Kind Viktor Bölls und seiner zweiten Frau Maria, geb. Hermanns, geboren. Es herrschte das *schlimmste Hungerjahr des Weltkriegs* [38]. 1914 hatte Viktor Böll mit der Mehrzahl seiner Landsleute die Begeisterung über den Kriegsausbruch geteilt. Alfred Böll erinnert sich: «Eine schwarz-weiß-rote Fahne besaßen wir übrigens auch. Am Erkerfenster Teutoburger Straße 26 machte sie sich ganz prächtig. Sie war ziemlich groß, kein Fähnchen – das hätte zu Vater nicht gepaßt. Zu Beginn des Krieges, als es immer nur Siege gab, hing sie oft draußen.» [39] Zur Zeit von Heinrichs Geburt mag das in jenem Steckrübenwinter vor dem Jahr der Revolution schon anders gewesen sein. Viktor Böll war als Landsturmmann im April 1917 nach Lothringen und ins Saarland eingezogen worden. Die Dokumente wie Militärpaß, Postkarten und Foto aus Aumetz und Saarlouis, die Alfred Böll beibringt, lassen jene *simulierte Blinddarmentzündung* [40], durch die sich Viktor Böll nach Sohn Heinrichs Aussage von dem Frontdienst selbst befreit haben soll, unerwähnt. Der Vater war schwächlicher Konstitution

Die Familie vor Heinrich Bölls Geburt, 1917

Heinrich Böll, oberste Reihe, fünfter von rechts

und gehörte einem geburtenreichen Jahrgang an[41], Gründe genug, ihn 1918 zum Heimatdienst abzustellen. Er bewachte die Kölner Hohenzollernbrücke. Die Familie trug ihm «immer seine Hauptmahlzeit» in das kleine auf dem Rhein schwimmende Bootshaus, da «die Preußen» auf seine zahnlosen Kiefer «keine Rücksicht nahmen ...»[42]. Die von Heinrich Böll beliebte Erinnerung ... *während mein Vater den Krieg verfluchte und den kaiserlichen Narren*[43], erscheint so als vereinfachende Abkürzung; sie gehört außerdem den Jahren der Republik zu. *«Dort oben»*, sagte der Vater zu Heinrich, auf das den linksrheinischen Kopf der Hohenzollernbrücke beherrschende Reiterstandbild Wilhelms II. weisend, *«reitet er immer noch auf seinem Bronzegaul westwärts, während er doch schon so lange in Doorn Holz hackt.»*[44]

Es ist dieses lediglich rheinländisch und sonst nicht weiter begründete Anti-Preußentum, aus dem Heinrich Böll auch sein ablehnendes Urteil über den Kölner Dom oder doch über dessen Türme und Westseite herleitete, das ist nachzutragen, wenn Heinrich Bölls Verhältnis zu Köln und dessen Geschichte bedacht wird: Sehr bald nach der Annexion Kölns durch Preußen hatte das preußische Kultusministerium Goethe unter anderen um Gutachten gebeten, was mit der dreihundertjährigen großen Bauruine des Doms geschehen sollte. Goethes Besichtigung und Plädoyer für seine Vollendung setzten die letzte Bauphase in Gang. 1880, 632 Jahre nach Bau-

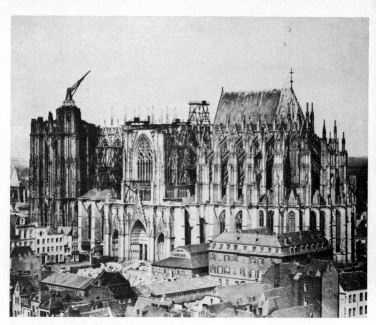

Der mittelalterliche Baukran auf der Domruine. Fotografie von 1855

beginn, konnte Wilhelm I. die Vollendung verkünden. Das irritiert Böll: *Die Türme des Doms stören mich. Ich find' die überflüssig. Ich find' das viel schöner, dieses mittelalterliche Provisorium mit dem Kran. Die Preußen haben ja den Dom dann gebaut und diesen ganzen vaterländischen Scheiß drum gemacht. Das hängt für mich daran. Die Domtürme sind für mich ein Hohenzollerngebilde, und die mag ich nun mal nicht . . .*[45] Böll hat später gelegentlich seine Fremdheit gegenüber Preußen ganz generell betont, aber auch einbekannt, *daß wir Westdeutsche Ostdeutschland nie richtig gekannt haben, ich jedenfalls nicht*[46]. Wahrscheinlich ist ihm Preußen auch synonym mit *diesem furchtbaren Luther*[47]. Seine Haltung zu *Ostdeutschland* jedenfalls basiert auf Unkenntnis; *ich habe Ostpreußen nicht gekannt, Schlesien nicht, Sachsen nicht, Brandenburg nicht, Berlin nicht.* Ein vages *Gefühl des Verlustes* weht ihn an, wenn er dort später einmal durchfährt, und dieses *Gefühl* ist außerdem vage genug mit einer Art Geopsychologie begründet: *weil diese Landschaft doch sehr deutsch ist*[48]. In diesem Punkt – Preußen und das östliche Deutschland betreffend – ähnelt Bölls detachierte Ignoranz derjenigen seines Kölner Landsmanns Konrad Adenauer. Und wenn Böll auch dessen katholischen Separatismus als politische Vorstellung nie geteilt hat, so hängt doch das Problem des Provinziellen, das Böll, durch seine Kritiker darauf verwiesen, immer wieder durchnimmt, mit dieser Fixierung seines Blickes auf die Kölner Diözese und zugleich mit seinem Anti-Preußentum zusammen. Nach 1949 wird er von dieser antipreußischen Haltung einiges auf die DDR übertragen.

Die Ausrufung der Deutschen Republik am 9. November 1918 hat die Bölls, wie die Mehrzahl der deutschen Bürger, weniger bewegt als die Heimkehr der Fronttruppen. *Meine erste Erinnerung: Hindenburgs heimkehrende Armee, grau, ordentlich, trostlos zog sie mit Pferden und Kanonen an unserem Fenster vorüber; vom Arm meiner Mutter aus blickte ich auf die Straße, wo die endlosen Kolonnen auf die Rheinbrücken zumarschierten.*[49] Dieses Ereignis war sichtbarer als der Aufbau eines neuen Staates, in dem die höchste Verwaltung, die Justiz, die Lehrkörper an Schulen und Hochschulen ohnehin in den Händen der bereits im Kaiserreich Ernannten blieb: Köln behielt seinen Oberbürgermeister Konrad Adenauer von 1917 bis 1933. Bölls Vater wandte sich mehr der Herstellung weltlicher Möbel für städtische und staatliche Behörden zu.

Bald nach der Inflation, während der dem Knaben Heinrich Bonbongeld in der Höhe einer Ziffer, *die Rockefellers Konto Ehre gemacht hät-*

Kreuznacher Straße 49

te: *1 Billion Mark*[50], zugesteckt wurde, folgten nun die «schönen Jahre in Raderberg 1923–1930», wie Alfred Böll diese Phase benennt. Das waren sieben glückliche Jahre in der Kreuznacher Straße 49, wo Viktor Böll vor dem Bonner Tor und Glacis einen Bauplatz erworben hatte und sein letztes Neubauhaus errichten ließ. Aller Luxus der Kindheit umgab Heinrich und seine Geschwister hier. Mit Gartenlaube, «Doppelschaukel», Reck, Kletterstange und unterirdischer Höhle auf eigenem Grundstück war für ein ordentliches Herumtollen gesorgt. Der Judenfriedhof, *alte Festungsgräben*[51], Kasematten und Parks waren für die Entwicklung der Phantasie wohl die größeren Freiräume. Die *bürgerliche Zuversicht des Vaters** muß noch ungebrochen gewesen sein. Ihren Verlust schon in diesen Jahren d e s *Ersten Weltkriegs und seiner Folgen, Inflation, totale Vernichtung des Vermögens*[53] anzunehmen, lassen alle Zeugnisse dieser Jahre nicht zu. Alfred Böll schildert detailliert die Ausweitung von seines Vaters Ge-

---

* Im Gespräch mit René Wintzen schwanken Bölls Angaben hierzu auf einer Seite zwischen *jegliche Sicherheit und Zuversicht verloren* und eine *Zeitlang hatte mein Vater noch Zuversicht, da wohnten wir im eigenen Haus in einem Vorort ländlicher Art*[52].

Heinrich Böll, 1926

schäftstätigkeit. Dem entspricht der Erwerb des Grundstücks und der Neubau des großvillenartigen Hauses. Die Kinder waren für Alltag und Sonntag – bis hin zu Samt- und Matrosenanzügen, sonntags obligat für Bürgerkinder seit der Erhöhung des Flottenbudgets im Kaiserreich – höchst propper gekleidet. Das soziale Bewußtsein bildete sich von oben nach unten – und nicht umgekehrt – aus. «Man läßt Bettler nie an der Türe vorbeigehen»[54], war ein väterlicher Leitspruch, und *Schulkameraden bettelten mich in der Pause um ein Stück Brot an; ihre Väter waren arbeitslos*[55], gehörte zu Heinrichs Erfahrungen. Der Vater war den Söhnen ein beliebter Erzähler. Robin Hood-Typen, als soziale Faustrechtler ausgleichender Gerechtigkeit, waren besonders beliebt[56] und «Robinson Crusoe» von Daniel Defoe wurde – natürlich in für die Kinderstube gereinigter Version – die Lieblingslektüre aller Böll-Kinder.[57] Auch führte Viktor Böll Sohn Heinrich in die Museen, die ihm seither lieb geblieben sind – (*ja ich liebte die Museen, ich war bildungshungrig, wenn auch nicht bildungsbeflissen*)[58]. So vollzog sich in diesen «schönen Jahren in Raderberg» das, was man heute Sozialisation nennt: die Herstellung der Beziehungen zwischen der Person und der Gesellschaft. Dieser höchst komplexe Prozeß vollzog sich für Heinrich Böll in zwei gegenläufigen Richtungen, nach innen, im Schoß der Familie, und nach außen, in der *Straßen-schule* des Lebens.

Nach innen festigte Böll in sich eine unerschütterliche Loyalität gegen Eltern und Geschwister. Die Basis dafür lag in dieser *sehr freien und ver-spielten Kindheit*[59]. Die Beziehung *zum Vater war intensiver... stark, aber zu meiner Mutter nicht geringer*[60]. Sie reichte vom Spielen, Anregungen zum Lesen, Lernen, von den Gesprächen des Alltags bis zu den allerwichtigsten weltanschaulichen Hilfen, der Erziehung zu einem demokratischen Antifaschismus. Er habe es seinen *Eltern nie vergessen*, daß er zu Hause *illegale Treffen von katholischen Jugendverbänden* um 1933/34 *miterleben durfte* – das Vertrauen ineinander war umfassend und vollkommen.[61] Er habe *dieses Kafka-Erlebnis nie gehabt*[62] – diese Angst des Sohnes vor dem mächtigen Vater. Das ist eine interessante Bemerkung; sie muß uns zu einem kleinen soziologischen Exkurs veranlassen: Kafkas Vater – wie auch derjenige Döblins – war der gesellschaftlichen Klasse nach gleicher Herkunft wie Bölls Vater, sie stammten alle aus dem ein Kleingewerbe oder einen Detailhandel betreibenden Kleinbürgertum, das seinen Wunsch nach Aufstieg durch Ortswechsel aus der Provinz in die Hauptstädte schon allein deutlich bekundete. Diese Bezeichnung «Kleinbürgertum» scheint ohne hinzugegebene Spezifikation so wenig zur Einordnung zu taugen wie die Klassenbegriffe «Bürger» und «Arbeiter». In der mobilen Gesellschaft des 20. Jahrhunderts finden Klassenübergänge rascher statt als in zünftig, ständisch oder nach Klassenwahlrechten gegliederten Gesellschaften. Suchen wir nach spezifizierenden Umständen, so sind wir auf das gesellschaftliche Milieu verwiesen, das enger oder weiter als die gesellschaftliche Klasse sein kann. Hier zeigt sich der Unterschied der Böllschen zur Kafkaschen oder Döblinschen Herkunft genau: die Letzteren gehörten der Minorität der Juden an (Kafka zudem war tschechischer Abkunft und damit der «Herrenrasse» in der k. k. Monarchie Österreich nicht zugehörig). Die Bölls gehörten zur Majorität rechtgläubiger Katholiken – Eltern und Kindern zunächst ein Born mit der Umwelt übereinstimmender Gesinnung, wie gerade diese sowohl dem jungen Kafka als auch dem jungen Döblin (der überdies durch das Fortlaufen des Vaters das jüdisch-patriarchalische Familiengefüge als Zehnjähriger zusammenbrechen sah) nie gegönnt worden war. Das katholische Milieu Kölns* brachte also – ganz anders als das jüdische Milieu Prags oder Stettin/Berlins – in Heinrich Böll ein gesellschaftliches Vertrauen hervor, auf dessen Grund dann einzelne Erlebnisse besonders tief, besonders schmerzlich und besonders nachhaltig und also Haltungen produzierend wirken konnten.

---

* Bölls Auffassung, daß die katholischen Rheinländer im Reich *eine, man kann fast sagen unterdrückte und mißachtete Minderheit gewesen* seien, ist allerdings eher eine Entstellung als eine poetische Lizenz.[63]

Heinrich Böll.
Scherenschnitt, 1925

Die grundsätzliche *Solidarität*[64] mit der Familie ist der nächste, bürgerliche Zug, der Böll geprägt hat. Er erlebte diese *Solidarität* als *ein Zusammenhalten, auch mit meinen Geschwistern, mit denen ich mich gleichzeitig stritt, ideologisch, religiös oder politisch; aber wenn es draufankam, spielte es keine Rolle ... Es war ein richtiger Clan.*[65] Das wesentlich Bürgerliche dieser *Solidarität* aber ist die Exklusivität, die sie nach außen hin annehmen kann. Alfred Böll berichtet von dieser internen Überheblichkeit einige amüsante Details. Heinrich Böll erinnert sich ihrer besonders aus Zeiten der Not und Bedrohung als der Panazee der *Arroganz – Fast eine mit Hysterie gemischte Arroganz gegenüber der Umwelt*[66], so im Gespräch. In seinen Erinnerungen an die Jugend, in denen die Frage nach der eigenen Klassenzugehörigkeit sehr pointiert erörtert wird, treten in dieser *Arroganz* Züge der kleinbürgerlichen Kompensation deklassierter Bedürftigkeit im Bewußtsein der Betroffenen deutlich hervor. Mit Bezug auf die Jahre nach 1930 heißt es dort: *die finanziellen Schwierigkeiten machten uns nicht de-, sondern hochmütig, sie machten uns nicht an-*

29

Mit einer Cousine, 1926

*spruchslos, sondern anspruchsvoll, sie machten uns auf eine unvernünftige
Weise vernünftig; nein, goldene Berge erwarteten wir nicht, aber immer
mehr, als uns zustand oder zugestanden wurde ... und der Wahlspruch
ging um: «Oliver Twist will mehr». Wir entwickelten eine bis zur Hysterie
gesteigerte Arroganz, Frivolitäten und Blasphemien gegen Institutionen
und Personen und brauchten keinen Alkohol, Worte genügten. Nach einem
Abend voll Hitze und Hetze, permanent sich steigerndem und verstiegenem
Gelächter über Kirche, Staat, Institutionen und Personen, sprach mein
Bruder Alois in einer Art Erschöpfungspause aus, was dann zum geflügel-
ten Wort wurde: «Nun wollen wir wieder christlich werden.» ...*[67]

Familienloyal – eine wenig schöne Wortschöpfung – ist Böll zu einem
der höchsten Prädikate geworden, die er vergeben kann. Für ein Fami-
lienmitglied, das weder prominent ist noch sonst von Böll weiter charak-
terisiert wird, scheint ihm die Bezeichnung *stets familienloyal* genügend.[68]

Die Familie und ihre Werte werden für Böll zur höchsten Instanz – nicht
für sein Bild der Gesellschaft, aber für jedes Individuum und dessen persönliche Bewährung. Damit tritt eine gewisse rückwärtsgewandte, zum

Teil auch rückständige Orientierung in sein Wertsystem. Je nach Temperament und Vorstellung erscheint diese in der mobilen Gesellschaft den einen als konservativ, den anderen als nostalgisch-sentimental, dritten als individualistisch usw. In jedem Fall liegt in ihr – nächst Anti-Preußentum und rheinländisch-katholischer Gebundenheit – ein weiterer Grund der Provinzialität im Werk Bölls, und gerade auch seine weitergespannten Konzeptionen, die sogenannten Zeitromane seines späteren Schaffens, sind durch die Familienthematik begrenzt.

Das Erlebnis der Familie war für Böll bestimmender als das der *Groß-stadt*. Deren *Anonymität* romantisiert er sich wieder – ganz anders als Döblin, Musil, Dos Passos und andere Romanciers der zwanziger Jahre (und auch Brecht im «Dreigroschenroman») – durch die Frage nach dem Erleben und Empfinden der Einzelnen. Er habe an der Großstadt *auch eine ungeheure Romantik* sehr geliebt. *In der Stadt erlebt man das ja alles anders, nicht mehr so elementar ... und die Menschenmengen, die man in einer Großstadt sieht ... regen natürlich die Phantasie an, im Sinne sogar fast schon eines Romanschreibers; und zwar im ganz einfachen Sinne: wo kommt der her, wo geht der hin, was wird aus dem, was wird nicht aus dem, was denkt er sich ...*[69]

Die eigentlich anonymen Prozesse von Arbeit und Beruf und die Rahmen, in denen sie verlaufen, Betrieb, Technik und Verkehr, haben aber gegen das Bollwerk von Familie und Ehe in Bölls Werk nie Eingang gefunden.

Heinrich Bölls Sozialisation nach außen verlief nicht in der Identifizierung und Solidarisierung, die ihm seine Familie erlaubte und nahelegte, sondern in der Distanzierung. Gerade die sozialen Beobachtungen, die der Junge in Raderberg anstellt, zeigen das. Er bemerkt deutlich – oder dem Rückblick Bölls stellt sich das so dar – *zwei «Lager»*, das *bürgerliche* und das *sozialistische* im Umkreis der Kreuznacher Siedlungsstraße. *Mich zog's immer in die Siedlung, die wie unsere neu erbaut war, in der Arbeiter, Partei- und Gewerkschaftssekretäre wohnten ... Meine Eltern störte es nicht, daß ich die meiste Zeit bei den ‹Roten› verbrachte, sie wären nie auf den Gedanken gekommen, zu tun, was die Professoren, Prokuristen, Architekten, Bankdirektoren taten: die verboten ihren Kindern, mit den «Roten» zu spielen.*[70] Das Bezeichnendste an dieser Mitteilung ist die Dreiteilung der Gesellschaft, nämlich in *zwei «Lager»* einerseits und die Familie Böll andererseits, die sich w e d e r als *«rot»* n o c h als *bürgerlich* empfand. Alfred Böll hat sich dieselbe Soziologie eingeprägt, mit einer zusätzlichen Aussonderungskategorie: «Neben den ‹Roten› gab es die ‹Schwarzen›, und auch ‹Blaue› fehlten nicht – so nannte Vater die Protestanten. Diese ‹bunte› Verteilung könnte eins zu eins gewesen sein. Vor allem soziologisch war es interessant: Arbeiter lebten da, aber auch Professoren, Geschäftsleute ebensogut wie Angestellte, Handwerker wie Arbeitslose. – Für uns Kinder gab es diese Struktur nicht. Jeder spielte mit jedem.»[71]

Heinrichs gleichmacherischer Geist bewährte sich in dieser Volksschulzeit besonders in der Freundschaft mit einem Arbeitersohn, dessen «sprühende Vitalität» Alfred Böll erinnert, dessen wacher aufmerksamer Ausdruck auf einem Winterfoto aller rodelnden Kinder aufbewahrt ist. Er wurde «Jüppemann» genannt, «der bei uns auch ‹Pottneger› hieß»[72].

Es muß dieser Nachbarjunge und Schulfreund sein, von dem her Böll neben *bohèmehaft* und *kleinbürgerlich* als dritte *Milieu-Komponente* immer auch *ein bißchen proletarisch* unter die Elemente seiner Herkunft durchgehend mischt.[73] Denn die andernorts geäußerte Ansicht, daß sich *eine absolute und fast schon sehr bewußte Ablehnung aller bürgerlichen Formen*, die in seiner Familie geherrscht habe, schon *ohne jede Einschränkung proletarisch nennen* ließe, entbehrt ja jeder Grundlage.[74] Beim «Pottneger» und beim Gefühl der Unzulänglichkeit der kleinbürgerlichen Abkunft der Eltern müssen – in dieser Nachzeichnung der Jugendentwicklung Bölls von der allgemeinen Aufführung der Bourgeoisie in diesem Jahrhundert zunächst abgesehen – die besonderen Ursachen zu suchen sein, die ihn das *explosive Gemisch* seiner Sozialisation aus dem Dreierlei von *kleinbürgerlichen Resten, Bohème-Elementen und proletarischem Stolz, so recht keiner «Klasse zugehörig»*, herleiten läßt.[75] Das Proletarische ist das aus der Distanz Gewünschte, nicht das ihm und seiner Herkunft eigene. Arbeiter gibt es im Werk Bölls nicht. Nur Gelegenheitsarbeiter. Und zu der Vorstellung, man könne *keiner Klasse zugehörig* sein, hat Lenin denn doch wohl zu Recht bemerkt: non datur.

Die Zeit des kindlichen Fraternisierens mit allen Klassen dauerte nicht lange. Die erste der *schmerzlichen Trennungen zwischen mir und den «roten» Kindern* erfolgte, als Böll mit sechs Jahren in die katholische Volksschule in der Brühler Straße kam, während die meisten Spielgefährten in *die «freie» Schule* gingen.[76] Die endgültige, *schlimmste Trennung* brachte der Besuch des Gymnasiums. *Ich ging gern hin, sah aber nicht ein, warum die anderen, die «Roten» und die «nicht besseren Katholischen» nicht mit dorthin gingen. Ich sehe es bis heute nicht ein.*[77] Da hatte die Kindheit eine Sehnsucht geweckt nach Brüderlichkeit und Gleichheit der Menschen untereinander, die Böll sein Leben lang empfinden, von der sein Leben lang Impulse seines Handelns ausgehen sollten. Keine der schlechten deutschen historischen Entwicklungen, die folgten, haben diese Sehnsucht auslöschen können. Im Gegenteil, die Festigkeit, die ihm seine Sozialisation nach innen, innerhalb der Familie für immer hat geben können, hat ihn im Blick auf die Gesellschaft draußen zu dem Wunsch bestimmt, den mangelhaften Zuständen immer ein Gutes, ein Besseres abtrotzen zu wollen. All das war und ist ethisch-moralisch und stark gefühlsbetont begründet. Bölls weite Wirkung hat hier einige ihrer Ursachen. Denn beides, die Festigkeit einer Familienmoral und deren Projektion ins gesellschaftliche Umfeld, wird immer noch von den meisten am ehesten begriffen.

Hindenburg und Adenauer, 1925

1930 wurde *ein düsteres Jahr*. Die SPD war aus der Reichsregierung geschieden, weil sie ein neues Gesetz zur Arbeitslosenversicherung, das angesichts der Unbeschäftigten in einer kollabierenden Wirtschaft nötig war, nicht durchgebracht hatte. Heinrich Brüning (Zentrum) wird im März zum Reichskanzler berufen. Als der Reichstag sein radikales Sparprogramm ablehnt, löst der Reichspräsident, der zu alte Generalfeldmarschall von Hindenburg, das Parlament auf. Seither wird mit Notverordnungen regiert. Die Nationalsozialisten erhalten Zulauf. Im Oktober – Viktor Böll war sechzig geworden – erfolgte der *totale finanzielle Zusammenbruch seiner Firma, nicht gerade eine klassische «Pleite», nur ein «Vergleichs-Verfahren», ein Vorgang, den ich nicht durchschaute, es klang jedenfalls vornehmer als «Bankerott», hing mit dem Zusammenbruch einer Handwerkerbank zusammen, deren Direktor dann auch, wenn ich mich recht entsinne, hinter Gitter kam. Mißbrauchtes Vertrauen, verfallene Bürgschaften, unseriöse Spekulationen. Unser Haus im Grünen mußte verkauft werden, und es blieb kein Pfennig von der Kaufsumme übrig. Wir waren verstört . . .*[78] Heinrich Böll ist es fraglich, ob ein Zusammenhang dieses Fallissements mit der Weltwirtschaftskrise bestanden hat; Alfred Böll nimmt an, daß sie «auch das väterliche Geschäft nicht verschont» hatte.[79] Dies – und nicht 1919/1921 – war der Zeitpunkt, von dem an es mit den immerwährenden «Dienstmädchen» bei den Bölls[80] vorbei war, von dem an *mein Vater und meine Mutter . . . jegliche Sicherheit und Zuver- sicht verloren*[81]. Das ganze Debakel *kam ganz plötzlich, über Nacht . . . Mein Bruder und ich bekamen nur gesagt, wir sollten nach der Schule nicht in die «Straße am Park» zurück, sondern zu Fuß über Severin- und Silva- nerstraße in die neue Wohnung am Ubierring kommen. Das war 1930, im Frühjahr, glaube ich, und die zwanziger Jahre waren damit zu Ende; die dreißiger fingen an.*[82]

Weltwirtschaftskrise – Nazizeit – Krieg

Mit dem Schwarzen Freitag eines Oktobertages 1929, an dem sich die schwersten Kursstürze an der New Yorker Wertpapierbörse nach einer Phase der Überproduktion ereigneten, setzte die Weltwirtschaftskrise ein. Deutschland, durch Kapitalimporte, Reparationen einerseits, Sanierungspläne (von Young und Dawes) andererseits im internationalen Finanznetz hängend, war sogleich in einem Maß mitbetroffen, das zu einer so sichtbaren Verelendung breiter Massen führte, daß Heinrich Böll den wirtschaftlichen Niedergang der väterlichen Firma in jenes *klägliche Vergleichsverfahren* [83] sogleich als Teil eines allgemeinen Prozesses und nicht als Versagen des Vaters begriff. ... *es war schon ein Schock, diese Wirtschaftskrise. Die Erkenntnis, daß Wohl und Wehe nicht nur von meinen Eltern abhingen ... sondern daß außerhalb der Familie ökonomische und politische Ereignisse stattfanden – und sogar außerhalb Deutschlands –; denn es ist uns bald klargeworden, daß alles auch mit der amerikanischen Wirtschaftskrise zusammenhing. Ereignisse, die einen auslieferten. Es war auch Angst dabei. Die normale Angst eines Kindes, das sich wahrscheinlich nicht ganz sicher ist: was ist da überhaupt los, geht das so weiter? Ich glaube zwar, daß diese Angst niemandem erspart bleibt, aber diese Tatsache, diese Wirtschaftskrise in ihrer krassesten Form, hat mir den wahrscheinlich üblichen oder normalen Bruch mit den Eltern erspart. Ich habe also sehr früh gemerkt, mit vierzehn, fünfzehn, daß meine Eltern völlig hilflos waren gegenüber diesen Umständen.* [84]

Wenn die Kindheit *im Grünen* die Zeit gewesen war, die Böll im Zusammenspiel mit den *roten Kindern* einen Zug, einen Hauch des Proletarischen erleben ließ, so waren die Jahre am Ubierring und in der Maternusstraße – beide wieder in der Neustadt-Süd – die Zeit, die ihm die Erfahrung von *etwas Anarchistischem* [85] brachte. In den großen Stadtwohnungen waren meist ein oder zwei Zimmer an Untermieter, *möblierte Herren* [86], vermietet, um die eigenen Mietlasten zu verringern. Es war die Zeit der *Gerichtsvollzieher*, die *Kuckuck über Kuckuck* zur *vorläufigen Besitzergreifung* der Behörden an die Möbelstücke klebten; *und es kam vor, daß es an manchen Möbelstücken (etwa am Klavier) regelrechte «Kuckucksnester» gab.* [87] Dies war die Zeit, in der sich auch jener *Hochmut* bildete, der das Gefühl des Deklassiertseins kompensieren sollte. ... *ich*

erinnere mich einfach nicht, daß wir auch noch jemals einen Monat die
Miete sicher bezahlen konnten. Dieses Gefühl: jetzt müssen wir wieder raus
oder werden rausgeschmissen, war natürlich bitter, und trotzdem haben wir
das auch auf eine merkwürdige Weise genossen. Es war eine Art Anarchis-
mus, Nihilismus, Anti-Bürgerlichkeit, auch Hysterie, die mich bis heute
geprägt haben.[88] Bemessen sind diese Formen des Erlebens, wie sich
zeigt, stets an den Normen der Ordnung, der Sicherheit, des Wohlverhaltens, die bis dahin Leben und Erfahrung innerhalb der Familie bestimmt
hatten. Die neuen Erlebnisweisen treten für Heinrich Böll in Pubertät
und Adoleszenz natürlicherweise in ihren *hochmütigen* Formen auf. Und
die Vorstellung, als *deklassiert* zu gelten, regt die aggressiven Gefühle zu
sozialen *Anti*-Haltungen auf. Von den Bezeichnungen, die Böll gewählt
hat, seine damalige Lebenserfahrung zu kennzeichnen, entbehren das
Anarchistische oder eine *Art Anarchismus* ebensowohl wie der behauptete *Nihilismus* durchaus der Substanz. Sie spielen in Leben und Werk Bölls
keine bedeutende Rolle. Übrig bleibt die *Anti-Bürgerlichkeit*. Sie bestimmte zu jener Zeit noch nicht einmal den Flügel, in dem man im politischen Plenum saß, rechts oder links. *Anti-Bürgerlichkeit* verpflichtet

36

zu gar nichts. Sie konnte und kann ganz links und ganz rechts ebenso geübt werden wie in der lauen Mitte. Sie taugt zu einer soziologischen Bestimmung allein nicht. Böll scheut diese genaue soziologische Bestimmung ohnehin: *Wirtschaftliche Schwierigkeiten der krassesten Art, hatten sie uns nur deklassiert oder klassenlos gemacht?* [89] So wird ihm diese Fraglichkeit nahelegen, auf dem unbestimmten Begriff zu beharren: *Wir zu Hause entbürgerlichten uns immer mehr* ... [90]

Not wurde nicht gelitten. *Es ging bescheiden zu* ... Nicht alle *Einnahmen* wurden dem *Gerichtsvollzieher offenbart. Es gab Schwarzarbeiten, Einnahmen aus der Vermietung der Maschinen (Lohnschreinerei).* [91] Von den drei vom Vater gebauten Häusern war noch das in der Vondelstraße in Böllschem Besitz; manchmal sogar war es *nicht in Zwangsverwaltung.* Dann erschienen es Heinrich Böll *herrliche Zeiten, wenn das Haus einmal frei war und meine Schwester Gertrud Mieten kassieren ging* [92].

Auch nach 1933 blieb die wirtschaftliche Lage für die Bölls schlecht. Gleichwohl betont Heinrich Böll im Rückblick mehrfach, daß die Familie gewöhnlich in einem *herrschaftlichen Mietshaus* Wohnung nahm oder sogar – dies die letzte Adresse der Eltern – mit dem Umzug 1936 zum Karolingerring 17 eine *hochherrschaftliche* Wohnung bezog. Die Erziehung und Ausbildung der Kinder verlief dementsprechend. Wer nicht bis zum Abitur gelangte, war vorher freiwillig von der Schule abgegangen. Heinrich Böll, der schon die Volksschule «spielend» geschafft hatte, besuchte seit 1928 das Staatliche Kaiser-Wilhelm-Gymnasium in der Heinrichstraße bis zur Abschlußprüfung 1937.

In die Mitte dieser Zeitspanne fiel ein Ereignis, das sich seit der Weltwirtschaftskrise ankündigte; das in Franz Biberkopfs Programm von gesellschaftlicher «Ruhe» und «Ordnung» als Ruf nach der starken Hand auch 1928/29 schon in die Belletristik eingedrungen war (Döblin, «Berlin Alexanderplatz»). Und doch weigerten sich alle Beteiligten und Betroffenen bis hin zu den intellektuellen Spitzen Heinrich und Thomas Mann und Bertolt Brecht, dies Ereignis wirklich zu erwarten: die legale Übergabe der Regierungsmacht im Reich an die Nationalsozialisten, die Berufung Hitlers zum Reichskanzler durch Hindenburg am 30. Januar 1933. Das veränderte in den Folgejahren jedwede Regung des Alltags und mußte auf die Meinungsbildung des ohnehin außenseiterisch gesonnenen Schülers die weitesten Auswirkungen haben. *Es war ein zweiter Schrecken. Nach der Erfahrung der Wirtschaftskrise, des ökonomischen Ausgeliefertseins, nun die Erfahrung des politischen Ausgeliefertseins, die fast noch schlimmer war, weil man sich in dem anderen einrichten und irgendwie helfen konnte, aber dagegen gab es fast nichts.* [93]

Der dritte große Schrecken sollte im März 1936 die Remilitarisierung des Rheinlandes werden. Dazwischen aber gab es die Kette des täglichen Grauens und der Angst:

Schon im Februar 1933 wurden erste Konzentrationslager errichtet.

«Der Tag von Potsdam», 30. Januar 1933

Illustrierte berichteten in verharmlosender Weise per Bildreportage über sie. ... *Säuberungen waren sichtbar und hörbar, waren spürbar: Sozialdemokraten verschwanden (Sollmann, Görlinger und andere), Zentrumspolitiker, Kommunisten ohnehin, und es war kein Geheimnis, daß in den Kasematten rings um den Kölner Militärring von der SA Konzentrationslager eingerichtet wurden.*[94] Daß andernorts die ersten KZ auf dem Grund und Boden von IG Farben als billige Arbeitslager errichtet wurden, entzog sich der Einsicht der Bevölkerung. Am 27. Februar erfolgte der Reichstagsbrand, *dessen «Promptheit» durchaus bemerkt wurde*[95].

Die «März-Wahlen» brachten den Nazis einen Stimmenzuwachs (gegenüber November 1932) von 13 Prozent (in Köln 33,3 Prozent). Mit den Deutschnationalen besaßen sie nun die Mehrheit im Parlament – *erst nach diesen Wahlen ... im April, Mai tauchten die ersten Jungvolk- und HJ-Blusen auf, in den oberen Klassen* des Gymnasiums *die eine oder andere SA-Uniform.*[96] Der Terror begann. Das «Ermächtigungsgesetz», dem Zentrum und bürgerliche Parteien zustimmten, entband Hitler von jeder parlamentarischen Kontrolle. Es blieb bis 1945 die legalistische Basis seiner Operationen.

Am 1. Mai sah Böll den *ersten großen Nazi-Aufmarsch ... was da alles so zusammengekommen war an Straßenbahnern, an SA-Leuten, Arbeitsfront,* das erschien ihm, der am Chlodwigplatz, Ecke Karolingerring *auf der dem Severinstor zugewandten Seite* stand, als *blutige Lächerlichkeit,* zugleich *schrecklich* und *absurd.*[97] Am 10. Mai erfolgte die vorher geplante und in ihrem Effekt berechnete große «Bücherverbrennung». Brechts, Döblins und Heinrich Manns Werke waren unter den ersten, die «der Flamme übergeben» wurden. Aber im März waren schon kleine, lokale Bücherverbrennungen erfolgt – *seit dieser Bücherverbrennung weiß ich: Bücher brennen schlecht.* Dem realistischen Sinn Bölls erschien *dieser Akt s y m b o l i s c h e r Barbarei vielleicht nicht so eindrucksvoll* wie die *handgreiflichen* Barbareien, von denen er auf dem Schulweg einen Teil miterlebte. *Die Straßen links und rechts der Severinstraße, über die mein Schulweg führte (Alteburger-, Silvan-, Severinstraße, Perlengraben) – das war durchaus kein «national zuverlässiges» Gelände ... Welche Frau schrie da im Achtergäßchen, welcher Mann in der Landsberger, wer in der Rosenstraße? Da wurde offenbar geprügelt, aus Hausfluren gezerrt ...*[98]

Im Juli unterzeichnet der Kardinalstaatssekretär und einstige Nuntius

Am Tag nach dem Reichstagsbrand,
letzte Nummer der Rheinischen Zeitung

Eugenio Pacelli, nachmals Pius XII., das Konkordat zwischen dem Heiligen Stuhl und dem Deutschen Reich. *Nach Machtübernahme, Reichstagsbrand, Märzwahlen erhielten die Nazis ausgerechnet vom Vatikan ihre erste internationale Groß-Anerkennung.*[99] Im selben Monat begann in Köln ein Prozeß gegen siebzehn junge Kommunisten. Sie waren Mitglieder des Rotfrontkämpferbundes, gegen die Verdacht erhoben wurde, an der Ermordung der *soeben von der KPD zu den Nazis konvertierten SA-Leute Winterberg und Spangenberg* beteiligt gewesen zu sein ... *im September wurden sieben der siebzehn Angeklagten zum Tode verurteilt und am 3. November im Klingelpütz mit dem Handbeil hingerichtet.*[100] Dies war im ersten Jahr nach der Machtergreifung die Eskalation des alltäglichen Grauens, die Böll erlebt hat. *Am Tag der Hinrichtung hing Schrecken über Köln, Angst und Schrecken von der Art, die Vögel vor einem Gewitter auffliegen und Schutz suchen läßt – es wurde still, stiller; ich machte keine frivolen Bemerkungen über Hitler mehr, nur noch zu Hause und auch dort nicht in jedermanns Gegenwart.*[101] So sickerte der Terror in die Familien, und nach weiteren drei Jahren delegierten die Bölls ihren Ältesten, Alois, Geschäftsinhaber seit dem *Vergleichsverfahren*, in die SA und schafften sich auch auf *eindringlichen «Rat» des Blockwarts eine Hakenkreuzfahne* an, *wenn auch eine kleine; man konnte ja an Tagen, wo flaggen Pflicht war, an der Größe der Fahne auch Gesinnung ablesen.*[102]

Die Gleichschaltung ging weiter. Ende Juni 1934 brachte, was zunächst wie *die Röhmrevolte*[103] aussah: *ein Sommertag voller Gerüchte, Spannungen mit einer merkwürdigen, schwer zu definierenden, euphorischen Beimischung; das konnte doch wohl nicht wahr sein: so viele führende Nazis Kriminelle und auch noch Homosexuelle...*[104] Im Verlauf eines Tages wurde klar: Röhm, Heines und andere Führer der SA, General Schleicher, Mitarbeiter Papens, der ehemalige bayerische Ministerpräsident von Kahr – meist Politiker, die das sozialistische Element im Nationalsozialismus entwickeln wollten – waren ermordet worden, die SA als Machtkonkurrenz der Wehrmacht ausgeschaltet, *Hitler stabilisierte sich, das Heer kam ganz in seine Hand*[105], die SS wurde die mächtigste Truppe im Reich. *Das war, und es war zu spüren, nicht nur die endgültige Machtergreifung, es war auch die letzte Machtprobe... und da muckte offenbar niemand, jedenfalls nicht hörbar... Die Ewigkeit des Nazismus brach an. Wußten die Bürgerlichen, die Nationalen, was da geschehen war, wohin sie geraten waren? Ich fürchte, sie wissen es bis heute nicht...*[106] Gleichzeitig wurden die Länderparlamente aufgelöst, Verwaltungen zentralisiert. Der Gau Aachen-Köln erhielt seinen Reichsstatthalter, Robert Ley. Nach dem Tod Hindenburgs vereinigte Hitler die Funktionen des Reichspräsidenten und des Reichskanzlers in seiner Hand und ließ Beamte und Soldaten auf seine Person vereidigen.

Die Bölls hatten den «Westdeutschen Beobachter» abonniert, Heinrich Böll las zudem den «Stürmer» *regelmäßig* in den Aushängekasten auf der Severinstraße.[107] Er hat auch den preußischen Ministerpräsidenten Hermann Göring bald einmal gesehen und erlebt, wie man ihn *öffentlich verlachte, den blutrünstigen Gecken, der es fertigbrachte, sich innerhalb einer Stunde in drei verschiedenen Uniformen zu präsentieren*[108]. Böll hat sehr viel später – irritiert durch die in Film- und Bilderbuchwellen aufwogende Nazi-Nostalgie – Görings *Maskengesicht mit den Morphiumglitzeraugen* den *Verfilmern* als Figur *fürs lustige Kino* empfohlen.[109] Zwischen den laufenden Nachrichten und Gerüchten und den seltener veranstalteten Schaugeprängen und Aufmärschen blieb der graue Alltag das Feld, auf dem einer durchkam oder sich verschliß. Wie keiner hat Böll dies Feld in seinen Erinnerungen immer wieder umkreist. Er hat damit seinen Beitrag geleistet, die Fixierung auf die großen, globalen Fronten zwischen den gesellschaftlichen und ideologischen Blöcken unseres Jahrhunderts zu brechen und auch die kleinen Fronten in den Blick zu rücken, an denen man sich bewähren oder verraten konnte. Das Thema nicht des großen, geschichtskundig gewordenen, sondern des kleinen Widerstands hat Böll in seinen Erinnerungen und Erzählungen intensiv beschäftigt:

Bei Mitschülern fiel ihm, als sie von einer nächtlichen Suche in Godesberger Villen nach dem ehemaligen Reichsminister für die besetzten Gebiete, Gottfried Treviranus, erzählten, *diese merkwürdige Mischung von Übermüdung und Jagdglanz in den Augen* befremdlich auf.[110]

Nach der Errichtung der KZ nahm er wahr: *Die Worte «Schutzhaft» und «auf der Flucht erschossen» waren geläufig, es traf auch Freunde von uns, die später stumm und steinern wiederkamen ... Lähmung breitete sich aus, Angst ringsum, und die Nazihorden, brutal und blutrünstig, sorgten dafür, daß der Terror nicht nur Gerücht blieb.*[111]

Der Schüler liebte die *Straßenschule* der Großstadt und trieb sich gern in den *Straßen zwischen Waidmarkt und Dom, den Nebenstraßen des Neu- und Heumarktes, allem, was rechts und links in Richtung Dom von der Hohen Straße abging,* herum.[112] Aber nun gefährdete die *Straßenbrutalität* der Nazis, die ihm auch *vor 33 schon begegnet* war, das Herumstreifen.[113] *Ich denke jetzt, wo so ein paar Nazi-Nostalgien bei uns auftauchen, gelegentlich darüber nach, ob es nicht Filmmaterial gibt über diese Straßenbrutalität der Nazis. Es war ja eine sowohl ideologisch wie weltanschaulich und sozial völlig wurzellose und unklare, vollkommen undefinierbare Gruppe von Menschen, diese ersten Straßennazis ... wirklich der Bodensatz des verkommenen Kleinbürgertums.*[114] Die *Angst*, von Böll oft zu einem existentiellen Generalnenner abstrahiert, wurde in diesen Konfrontationen erlebt: *es war mir ein-zweimal bei meinen Bummeleien passiert, daß plötzlich so eine Horde um die Ecke kam ... und ich mich mit letzter Kraft in einen Hauseingang retten konnte: der Schrecken saß tief (sitzt heute noch!), und auch nur die entfernteste Möglichkeit, daß plötzlich irgend so eine Horde auftauchen könnte, verleidete mir die Kölner Straßen. Es war eine Art Vertreibung ...*[115]

Es ist eine klassengemäße Abscheu, die der bürgerliche Gymnasiast gegen das randalierende *verkommene Kleinbürgertum* empfindet. Von den rassistischen Zielen, die diese *Straßenbrutalität* auch verfocht, ist bei Böll so gut wie gar nicht die Rede. Doch nicht erst seit der Einführung des Gesetzes zur «Verhütung erbkranken Nachwuchses», Juli 1934, und der Nürnberger Gesetze zur «Ausmerzung des Judentums», September 1935, sondern seit den Wiener Alldeutschen und Herrenrassen-Theoremen der Jahrhundertwende – die Hitler die «geschichtliche Erfahrung» dafür boten, «daß bei jeder Blutsvermengung des Ariers mit niedrigeren Völkern als Ergebnis das Ende des Kulturträgers herauskam» («Mein Kampf», I, 11. Kapitel) – waren antisemitische Aggressionen in diesem Randal anwesend. Erst 1942, als einige Mitglieder jüdischer Familien aus dem Mietshaus am Karolingerring verhaftet wurden, habe er den *Sinn* ihrer Ängste *verstanden*, da ihm oft erzählt worden sei, *wie sie weinend mit ihren Dekkenbündeln die Möbelwagen bestiegen, die sie ins Kölner Messegelände brachten, von wo aus sie in die Vernichtungslager transportiert wurden*.[116] Er selbst habe *diese Form des Antisemitismus nie kennengelernt*[117]. Aber Böll, als römisch-katholischer Gläubiger in dieser Hinsicht natürlich, den Traditionen seiner Kirche gemäß, nicht unbelastet, versucht, sich das Ausmaß der Vernichtung der Juden immer wieder vor Augen zu stellen. *Ich glaube, daß da viele demagogisch bewußt plazierte Mißverständnisse entstanden sind, weil die Statistik des deutschen Reiches nicht so viele jüdische Bürger aufwies, wie später ermordet worden sind. Das haben viele Deutsche bis heute nicht kapiert, daß es Franzosen, Polen, Bulgaren und Rumänen und ungarische und russische Juden waren*.[118]

Da Böll selbst nie Mitglied der Hitler-Jugend war, mag es ihm erspart geblieben sein, mit der rassistischen Doktrin und ihrer pädagogischen Praxis allzu scharf konfrontiert worden zu sein. Die Nationalpolitischen Erziehungsanstalten (NAPOLA) und Ordensburgen haben ihn verschont, sie standen nur Pimpfen und Mitgliedern der HJ offen.

Sein Kaiser-Wilhelm-Gymnasium schildert Böll als *extrem katholisch*[119], als *nicht nazi-verseucht*[120]. Ja, die Alltagserfahrungen unterm Nationalsozialismus lebhaft bedacht, mag es gar nicht wunderlich erscheinen, daß Böll sich in der Schule relativ geborgen fühlte. Er erinnere sich *der meisten Lehrer ohne jeden Groll*[121], hat er aufgezeichnet und im Gespräch betont, daß der *größere Teil unserer Lehrer*, da ihnen *Anti-Nazi-propaganda* zu machen nicht möglich war, *still im Untergrund ... wirklich humanistische Gedanken verbreitete*.[122] Auch diese Jugenderinnerungen zeigen Bölls steten Hang zur Ab- und Aussonderung: *Sollte es zu den Pflichtübungen deutscher Autoren gehören, ‹unter der Schule gelitten› zu haben* – und in der Tat gehört es zu den ehrwürdigsten Traditionen der Moderne von Wedekinds «Frühlings Erwachen» (1891), Thomas Manns «Buddenbrooks», Heinrich Manns «Professor Unrat», Musils «Verwirrungen des Zöglings Törleß», Hesses «Unterm Rad» bis zu Robert Walsers «Jakob von Gunten» (1908), den mörderischen Schuldrill der Bourgeoisie anzuklagen – *so muß ich mich wieder einmal der Pflichtvergessenheit zeihen.* Er habe *nicht unter der Schule* gelitten.[123]

Dagegen ist er sitzengeblieben, wie alle anderen auch. Er hat die Prima zweimal abgesessen. Das Faktum hat Böll auf seine Weise umschrieben und sogar – seinen Gewohnheiten ganz entgegen – ein wenig politisiert, indem er angab, daß ihm *die letzten zwei, drei Jahre sehr schwer fielen, sehr langweilig waren. Ich hab sie aber bewußt weiter auf der Schule verbracht, weil das ein Versteck war vor dem Nationalsozialismus ...*[124] Sich *die Schule zu instrumentieren*, nennt er das andernorts und gibt vor, sein Zeugnis der Reife *unbesehen seiner späteren Bewerbung als Lehrling beigelegt* zu haben.[125] Zu solchen Versteckspielen griff der eher doch bildungsbeflissene Kleinbürgersohn noch 44 Jahre danach. Der Schulabschluß erfolgte mit «genügend» in Religion und Deutsch.

Andere Details über Lieblingsfächer (Latein, Mathematik, Geschichte) und Turnbefreiung (wegen *chronischer Stirnhöhlenvereiterung,* einer vielleicht *nazigenen* Krankheit)[126], über nationalpolitische Schulungslager in umliegenden Jugendherbergen[127] und den von Baldur von Schirach *verfügten Staatsjugendtag,* den Böll statt bei der anberaumten Feier mit dem Ordnen der Schulbibliothek zubrachte[128], müssen wir übergehen.* Aber es ist in jedem Fall der Erwähnung wert, daß Böll damals – *da war ich siebzehn–achtzehn wahrscheinlich* – durch einen Deutschlehrer auf Hitlers «Mein Kampf» nicht nur als *Pflichtlektüre* gewiesen wurde, sondern daß dieser Lehrer *dieses unbeschreibliche Sprachgebilde* mit den Schülern kritisch durchnahm und ihnen die Aufgabe erteilte, *dreißig Seiten auf zehn Seiten zu kürzen* und also an diesem *ganzen Gewirr von idiotischen Konstruktionen und Ausdrücken* die Arbeit eines Lektors zu leisten. Und Böll begriff: *In «Mein Kampf» steht alles drin, bis zur Judenvernichtung, bis zur Untermenschenphilosophie, was die slawischen Völker betrifft. Es steht die ganze Kirchenpolitik drin, die Vernichtungspolitik, es ist eigentlich das Bekenntnis eines unartikulierten Zerstörers.*[129] Von diesen Inhalten abgesehen, hat Böll dann später an den Memoiren Adenauers eine ähnliche stilkritische Analyse vorgenommen.

Nur manchmal mahnte Direktor von Kempen, katholischer Rheinländer, zum Eintritt in die HJ. Er war wohl *hindenburgblind – eine fatale Eigenschaft vieler anständiger Deutscher, national, nicht nationalistisch, schon gar nicht nazistisch, aber ganz Frontkämpfer*[130]. Diesen Typ, belastet mit dem *Hindenburgfluch*, wie Böll das deutschnationale Syndrom auch nannte[131], hat Böll mehrfach zum *eigentlich Verantwortlichen* für das Heraufkommen des Faschismus erklärt.[132] *Ich glaube, daß diese Leute Hitler regelrecht ausgesucht haben ... Ich glaube, daß die Nazipartei wie-*

---

* Vgl. die «Geschichte des Kaiser-Wilhelm-Gymnasiums 1932–1939» des Oberstudiendirektors Reiner von Kempen.

der reduziert worden wäre durch natürliche Wahlvorgänge. Im Augenblick eines schon wahrnehmbaren *Wahlverlusts* und *Geldverlusts* aber *haben die Deutsch-Nationalen zusammen mit den Industriellen und Bankiers sie sozusagen gepackt und an die Macht gebracht*.[133] Diese Deutung ist zu einseitig und berücksichtigt die antagonistische Zerklüftung der deutschen Bevölkerung im Kampf der Klassen zu Ende der Weimarer Republik zu wenig. Sie mag außerdem damals schon begünstigt worden sein durch einen der frühen literarischen Lehrmeister Bölls, Léon Bloy, dem sich «les prussiens» in ihrer Philosophie und ihrem Staatsgedanken zum großen Anathem in seinen Pamphleten aufgebläht hatten. Gewiß hatte Böll indessen Recht, den Lehrern und Hochschullehrern der Weimarer Zeit und der dreißiger Jahre eine besondere Mitverantwortung an der öffentlichen Gleichschaltung anzulasten: *die verhängnisvolle Rolle dieser hochgebildeten, ohne jede Einschränkung anständigen deutschen Studienräte führte letzten Endes nach Stalingrad und machte Auschwitz möglich: diese Hindenburgblindheit*.[134]

Ich habe eigentlich immer gelesen[135], hat Böll zu René Wintzen gesagt, und Alfred Böll lieferte dazu die Charakteristik des Heranwachsenden: «Hein war still und liebenswert. Er hatte wenige Freunde ... Er schrieb viel, zog sich dazu zurück, mochte nicht gerne gestört werden. Er las auch viel.»[136] Diese Lektüre ist ein wenig zu sichten. Wenn wir vorwegnehmend zu ihr bemerken, daß sie in einem gewissen außenseiterischen Sinn ziemlich kanonisch und im Ganzen besonders anti-aufklärerisch anmutet, so ist dazu immer die Voraussetzung zu bedenken, *daß der Katholizismus, in dem meine Eltern groß geworden sind, ungeheuer literaturfeindlich war*[137].

Nach dem «Robinson Crusoe» des Defoe las der Acht- und Neunjährige Märchen, dann Karl May, Jack London und früh schon Johann Peter Hebel und Charles Dickens, dessen Charaktere wie Mr. Micawber oder Oliver Twist stehende Scherzwendungen für die Familie lieferten. Neben Dickens sind zwei andere Klassiker des gesellschaftskritischen Romans Böll bald bekannt geworden, Honoré de Balzac und Fjodor Dostojevskij. In den Werken der englischen, französischen und russischen Meister trat Böll von Anfang an die höchstentwickelte Kunst konkreter Gesellschaftsschilderung in der vergleichsweise neuen literarischen Gattung des Romans, wie sie im 19. Jahrhundert ausgebildet wurde, entgegen. Bei Balzac und Dickens herrschte zudem der stolze Glaube der Reformer, der Glaube, daß der Romancier – mit Balzac zu sprechen: als «Arzt und Anatom der Gesellschaft» («Apropos» zur «Comédie humaine») – nicht nur das soziale Leben abbilden, sondern auch auf es Einfluß nehmen könne. Bei Dostojevskij wird der demütige Glaube des Christen, ja Dostojevskij eigene Christologie den jungen Böll angesprochen haben. Er widmete später dem Leben des Russen und seinen erniedrigten und beleidigten Romanfiguren im alten St. Petersburg einen Fernsehfilm, der mehr vom

Viertel um Heumarkt und Pergewalskistraße (südlich des Newski-Prospekts) als von den reichen Magistralen und prunkvollen Palästen der Residenz-, Industrie- und Handelsstadt einfing. – Nächst der literarischen Gestaltung gesellschaftlicher Bedingungen wurde Böll bei der Lektüre von Dickens, Balzac und Dostojevskij auch immer schon vertraut mit der großen Komposition des Zeit- oder Epochenromans, die auszuführen er in seiner eigenen Entwicklung als Romancier in mehrfachen, schwierigen Anläufen anstrebte.

Die Lektüre dieser drei Autoren der Weltliteratur war dem Bildungsbürger erlaubt, ja unter den Belesenen war ihre Wahl – seit Dostojevskij durch eine Welle auflebenden Irrationalismus im Ersten Weltkrieg an Geltung international gewonnen hatte – in jeder Hinsicht kanonisch. In besonderer Hinsicht erscheint im Rückblick die folgende Autorengruppe kanonisch: es sind französische Schriftsteller, die in scharfer Weise den katholischen Glauben, ja sogar seine Dogmen, gegen die institutionalisierte Kirche verteidigten – eine Tradition, die im Deutschland des *verabscheuungswürdigen Luther*[138] sich nie so hat herausbilden müssen.

Voran steht dieser Gruppe Léon Bloy, ein großer Hasser aller Feinde Frankreichs, aller Glaubensgegner, der Freidenker, Republikaner, lauen Katholiken, Protestanten und Juden und der «deutschen Philosophie», die ihm als der «umfänglichste Unflat des hereinbrechenden Protestantismus» auffällt. Die Leute der Action Française, einer chauvinistischen Vereinigung zur Erneuerung eines gloriosen monarchischen Frankreichs, der der nächste von Bölls geistigen Bildnern, Georges Bernanos, anfänglich zugehörte, beriefen sich auf Bloy. Von dessen extremen Meinungen hat Böll späterhin nur den Antisemitismus abzuweisen und auch entschuldigen zu müssen gefunden. Bloys antikapitalistisches Lob der Armut hingegen hat auf Böll eine tiefe und dauernde Anziehung ausgeübt. Bloys «Das Blut der Armen» war 1936 in deutscher Übersetzung in einem Salzburger Verlag neu aufgelegt, von Böll sogleich zur Kenntnis genommen und in seinem anklägerischen Elan einer Zeit zugeordnet worden, *wo ein katholisches Besitzbürgertum einer sich massierenden sozialistischen Bewegung gegenüberstand, deren Ziel die Revolution war*[139]. Aber solch konkrete Ziele verfocht Bloy nicht. Darin eben lag seine fortdauernde Wirkung auf Böll begründet, daß er die Armut der Menschen in einer ontologisierenden Operation dem wohlgefälligen Sein des Menschen überhaupt zuwies; *er bestritt den einen ihr Recht auf Besitz, den anderen das Recht auf Revolutionen, weil für ihn die Armut nicht nur ein gottgewollter, sondern der Zustand Gottes war; für ihn war die Armut nicht eine mögliche, sondern die einzige Würde des Menschen*[140]. Hier liegen Wurzeln gewisser existentialistischer Vorstellungen, die sich Böll damals aneignete und an denen er festgehalten hat.

Georges Bernanos, eine Generation jünger als Bloy, bekannte sich auch noch zu diesem, als er, erschüttert vom spanischen Bürgerkrieg, politisch auf die Seite der Republikaner gerückt war und 1938, nach dem Münchner Abkommen, das Frankreich Daladiers verließ. Sein Menschenbild ist mittelalterlich, er hängt dem Ordo-Gedanken Dantes an und peinigt sich und seine Figuren mit erniedrigender Selbstquälerei, Teufelsglauben, Gnadenerwartung, Verdammung Andersdenkender und derlei dogmatischen Vorstellungen. Bernanos gehörte wie Ernest Hello, Charles Péguy und François Mauriac zu einer Bewegung der Erneuerung des Katholizismus, Renouveau catholique, einer Bewegung institutionsfeindlicher Kritik der Kirche, deren Äußerungen der junge Böll desto eindrucksvoller empfinden mußte, je stärker in ihm und seiner Familie ein anti-kirchlicher Argwohn seit dem Reichskonkordat des Sommers 1933 anwuchs. Für seine Schriftstellerei indessen boten alle diese Autoren das Modell einer Darstellungsweise, die die Auseinandersetzungen und Prozesse menschlicher Erfahrung verinnerlichte. Oder – wie Sartre das anläßlich Mauriac einmal aussprach: «immer geht es darum, das alltägliche Leben in Parenthese zu setzen und gewissenhaft zu leben, ohne sich die Finger schmutzig zu machen; immer geht es auch um den Nachweis, daß der Mensch mehr gelte als sein Leben, daß die Liebe viel mehr sei als die Liebe und der Bürger viel mehr als der Bürger.»[141] Dem jungen Böll haben die Autoren des Renouveau catholique *den Anstoß zum Schreiben gegeben ... da spürte ich, das sage ich jetzt nachträglich, das hab ich damals nicht bewußt gespürt, daß das ein ganz anderer, befreiender Ton war, als der deutsche Katholizismus ihn je hervorgebracht hat*[142].

Damals nahm Böll auch schon Paul Claudel wahr und sogar, in der Übersetzung Walter Benjamins und Franz Hessels und also fragmentarisch, Marcel Proust.

Die britischen Konvertiten Evelyn Waugh und Gilbert Keith Chesterton ergänzten den französisch-katholischen Einfluß. Dabei war Chesterton *unser großer, jahrelanger Favorit*. Nach dem Krieg entdeckte und bemängelte Böll an ihm *ein bißchen einen faschistischen Zug*; aber zwischen 1936 und 1938 wirkte er auf ihn, ähnlich wie die zeitgenössischen Franzosen, *mit dieser ungeheuren, eleganten, fast brillanten englischen Art ... für unseren etwas muffigen Katholizismus* als eine *ungeheure Befreiung*.[143]

Die Anleitung zum Lesen zeitgenössischer deutscher Autoren bot die katholische Zeitschrift «Hochland»[144] (gegr. von Carl Muth 1903). Der Hinweis, den der einmal als stellvertretender Deutschlehrer fungierende Gerhard Nebel dem Schüler auf die Brüder Ernst und Friedrich Georg Jünger gab, hatte keine weiteren Folgen.[145] Böll blieb auch im deutschen Fach im Umkreis des Katholischen. Er las Gertrud von Le Fort, Werner Bergengruen und Reinhold Schneider, die dem innerdeutschen antifaschistischen Widerstand zugehörten. Ja, von Bergengruen und Schneider erinnert sich Böll – außer deren Prosaschriften – hektographisch kursierende Gedichte gelesen zu haben.[146] Das Netz des nationalsozialistischen kulturpolitischen Dirigismus war trotz einer Vielzahl von Amtsstellen: der Reichsschrifttumskammer, dem Reichsministerium für Volksaufklärung und Propaganda, der Reichsstelle zur Förderung des deutschen Schrifttums und der Parteistellen auf niederer Ebene, nicht eng genug, von der offiziellen Linie abweichende Literatur ganz von der Öffentlichkeit fernzuhalten. Hinzu kam, daß der Widerstandsgedanke dieser christlichen Autoren durch die augustinische Gottesstaatsidee verringert, daß überhaupt das Böse in ihren religiös-eschatologischen Vorstellungen gerechtfertigt wurde. Von dieser Seite her ähnelte die Abstraktheit ihres Einspruchs gegen das Zeitgeschehen der existentialistischen Abstraktheit in der Klage über das menschliche Schicksal bei den französischen Katholiken. Dem jungen Böll mußte die Literatur der zwanziger und dreißiger Jahre, ob in- oder ausländisch, als einheitliche Produktion eines Zeitgeistes – mit nur geringen nationalliterarischen Abtönungen – entgegentreten, die wohl zur reservatio mentalis, nicht aber zum Widerstand aufrief. ... *ich war kein Widerständler.*[147] Vielmehr konnte er sich mit der Literatur, die er sich – sozusagen *jenseits der Literatur*, wie er das im Hinblick auf Bloys Werk einmal genannt hat[147a] – für den eigenen Gebrauch aneignete, eins fühlen. *Ich glaube nicht, daß ich die bürgerliche Kultur – nennen wir sie so, das kann man ohne Anführungsstriche sagen – je verachtet habe. Nur hat mich immer geschmerzt und auch empört, daß so wenige an ihr teilnahmen ...* Seine Teilnahme war etwas ganz anderes als der Bildungs- und Besitzgedanke der Bourgeoisie (wie ihn die bleigefaßten Thomas von Aquin und Dante am väterlichen Bücherschrank der guten Stube versinnbildlichten), es war die Benutzung kultureller Güter zu eigenem Gebrauch. Der auf andere Weise sinnbildliche *Goethe in den Bücherschränken* hat ihn dagegen *immer mißtrauisch* gemacht.[148]

Komplettieren wir die Lektüreliste des jungen Böll aus verschiedenen Quellen, so reihen sich an die deutschen Klassiker Hölderlin, Kleist, von den Modernen Stefan George und Trakl, von den Zeitgenossen Josef Weinheber* und Heinrich Lersch an. Lersch ist der einzige «Arbeiterdichter» unter allen Literaten, die der junge Böll zur Kenntnis nahm. Sein *proletarisches* Interesse scheint da weiter keine Nahrung gebraucht zu haben. Im Gegenteil: Die Lektüre Bölls ist, namentlich was die deutsche Literatur, die er beachtet, angeht, erzkonservativ. Der Widerstand von Bergengruen, Gertrud von Le Fort und Reinhold Schneider gegen den Faschismus war ein Widerstand entschieden von rechts. Der klassische Lyriker-Katalog Schiller-Hölderlin-Kleist war von den Nazis usurpiert

---

* In *Was soll aus dem Jungen bloß werden?* ist von dem *alten Weininger*[149] die Rede. Der Sexualpsychologe Otto Weininger beging als Dreiundzwanzigjähriger 1903 Selbstmord. So muß es sich um den Lyriker Josef Weinheber handeln (1892–1945), der mit dem Faschismus vorübergehend sympathisierte.

worden, Stefan George wurde auch von ihnen beansprucht. Weinheber und Lersch haben auf Grund ihrer völkischen Einstellung dem National-sozialismus Vorschub geleistet. Es ist in der Tat nicht die Lektüreliste eines *Widerständlers*, die sich uns zeigt.

Es ist vielmehr – und hier wären die existentialistischen Franzosen und die britischen Konvertiten mit hinzuzunehmen – die Lektüreliste eines intellektuellen Katholiken der dreißiger Jahre, der innerhalb seines Glaubens sich auch zu kritischer Wachsamkeit gehalten fühlt. Es ist der Kanon des Neuesten aus dem Schrifttum Gläubiger, wie ein *extrem katholisches* Kölner Gymnasium, das nicht faschistisch war, ihn seinen Schülern wohl anbieten konnte. Daß in dieser Konstellation zugleich auch der bildungs-elitäre Ausschluß so vieler anderer von der Teilnahme an der *bürgerlichen Kultur*, der Böll *immer geschmerzt* hat, beschlossen liegt, versteht sich am Rande.

Wir finden nächst Bölls positiven Aussagen über seine Lektüre, die wir meistens hiervor ausgewertet haben, auch zwei, drei kleine Belege ex negativo, die uns unseren Schluß erhellen: *«dekadente» Literatur* habe die Schulbibliothek nicht enthalten.[150] Allenfalls habe er noch Leonhard Franks «Räuberbande» und *die Buddenbrooks* am Rande *zur Kenntnis genommen*.[151] (Zu Bölls Verhältnis zu den exilierten Schriftstellern wird im folgenden Kapitel einiges anzumerken sein.)

... *Katholisch, das sollten und wollten wir doch bleiben*, resümierte Böll zur Schulzeit und seiner Lektüre. Ein *seltsames Gemisch*, so befand Böll im Rückblick, habe seinen Lesestoff gebildet. Wir hingegen finden es jenem Zeitgeist, in dem existentialistische Metaphysiker mit metaphysi-schen Geschichts- und Gesellschaftskritikern sehr wohl fraternisieren konnten, ganz gemäß. Wir schließen uns aber der zurückblickenden Ver-wunderung Bölls darüber an, daß in dieses *Gemisch* von der *deutschen Literatur* was in ihr *verboten und offiziell verpönt* war, *nicht eindrang*. Es blieb absolut bei einer Auswahl innerhalb der Glaubensschranken. *Im übrigen aber war alles andere «Berlin», und Berlin war nicht geliebt ...*[152] Die verschlüsselte Wendung lautet aufgeschlüsselt: Was nicht katholisch und konservativ war, war Asphaltliteratur. (Auch hierauf wird im folgen-den Kapitel zurückzukommen sein.)

Nach dem Tiefschlag *des Reichskonkordats*[153] hatten *Teile der Familie – darunter ich – den Kirchenaustritt ernsthaft erwogen.*[154] Es dauerte noch 42 Jahre, ehe Böll ihn tatsächlich vollzog. Immerhin verweigerte sich der Vierzehn- bis Achtzehnjährige jahrelang dem praktizierenden Katholi-zismus. Andererseits blieb er auch einige Jahre nach 1933 noch Mitglied einer marianischen Jugendkongregation[155] und verdiente sich als eine Art Sekretär des Kaplans von St. Maternus etwas Taschengeld.[156] *Natürlich sind wir klassisch-katholisch erzogen worden*[157], hat Böll bekannt, aber doch auch bald und oft das Milieu der *fürchterlich neo-gotischen Kirchen* verurteilt, in denen sich zum Teil das religiöse Leben abspielte[158], und Ekel vor dem kirchlichen *Kitsch* und *Mief* bezeugt.[159] (Offenbar fallen die Verdikte insonderheit in Erinnerung an St. Maternus und die Franziskanerkirche in der Ulrichgasse – da es doch sonst so schöne romanische Kirchen in Köln gibt.) *Aber niemals haben mich meine Mutter oder mein Vater kontrolliert ... ich schließe daraus, daß sie beide so unter ihrer religiösen Erziehung gelitten haben, daß sie gewünscht haben, die Kinder sollten davon verschont bleiben.*[160]

Gewiß hatte die erwachende Sexualität mit dem Konflikt mit der Kirche auch zu tun. Denn noch in der Maternusstraße oder jedenfalls vor dem Abitur setzte *das zeitlose Problem: Amore* mit *Mädchen- oder gar Weibergeschichten*[161] ein. Und wenn sonntags der Arbeitsdienst leistende Bruder Alfred in den Kasematten bei Poll besucht wurde, übersah der junge Mann keineswegs die beiden *jungen und doch schon verbrauchten Huren*, die dort am Tor zur Verfügung standen und sich *um ein geringes Honorar ins Gebüsch legten.*[162] Zu den besonderen Vorwürfen gegen die katholische Doktrin gehörte bei Böll sehr bald *die komplette Heuchelei und Verkennung der menschlichen Sexualität durch die katholische Kirche*, in der Böll Nachwirkungen der römischen Rechtskodifizierung erkannte.[163] Das *Zölibat* wurde zum *Schreckenswort.*[164] Die Sexualität auf *den Weg des Sublimierens* zu drängen, war Böll nicht gewillt. Den ganzen Bereich – wie später in Erzählungen auch – mit einem Demonstrativpronomen eher vage umreißend, faßte er früh den Entschluß: *ich wollte das gar nicht sublimieren.*[165]

Auch die besondere deutsche Form der Angst vor der *Exkommunikation* durch Rom und die *Angst vor dem Index* hat Böll schon als Neunzehnjähriger nicht verstanden und für seine eigene Schriftstellerei auch schon damals beschlossen: *das gibt's doch gar nicht ... es gibt doch keine Furcht vor dem Erzbischof oder vor dem Papst, oder vor irgendeinem Prälaten in Rom, der mir sagt: dein Buch darf nicht erscheinen.*[166] All diese Kritik zusammengenommen – und weitere kritische Punkte zu den Sakramenten, zum kirchlichen Gehorsam, zur Kirchensteuer sollten im Laufe der Jahre hinzukommen – erlebte Böll in den dreißiger Jahren *eine erste, man kann sagen religiöse* oder *kirchliche Krise.* Er gelangte für sich zu der Erkenntnis: *Notwendigerweise mußte man die Kirche mitnehmen, wenn man Religion ausüben wollte, es war eigentlich ein notwendiges Übel.*[167] Auch die im März 1937 erlassene große Enzyklika «Mit brennender Sorge und steigendem Befremden» Seiner Heiligkeit Pius' XI., «durch Gottes Vorsehung Papst», zur Lage der katholischen Kirche im Deutschen Reich hat Böll nicht mehr versöhnen können.

Inzwischen hatten die Nationalsozialisten mit der Bombardierung der spanischen Stadt Guernica, April 1936, zugunsten der faschistischen Front Francos unmißverständlich in die europäische Politik eingegriffen. Der «Anschluß» Österreichs, März 1938, die «Reichskristallnacht», November 1938, mit der Zerstörung der Synagogen, jüdischer Geschäfte und der

Remilitarisierung des Rheinlandes, 1936

Verhaftung von zwanzigtausend Juden, zeigten den Vormarsch der Faschisten auf ihre weltpolitischen Ziele. Die «Appeasement»-Politik, der sich England und Frankreich den Fakten zum Trotz im Münchner Abkommen, September 1938, beugten, täuschte niemand. *Der Krieg war also um ein Jahr verschoben.*[168] Die «Besetzung» des «Sudetenlandes», Mai 1939, wurde in dem Schock, den sie auslöste, nur noch überboten durch den deutsch-russischen Nichtangriffspakt, August 1939, dem oft sogenannten Hitler-Stalin-Pakt. *Die ganze Politik war eindeutig, Aufrüstung, Rheinlandbesetzung, die Wehrpropaganda in Schulen und überall.*[169]

In diesen Jahren nach dem Abitur begann Böll eine Buchhandelslehre bei Matthias Lempertz in Bonn, einem *sehr konservativen* Lehrherrn, der ein großes Antiquariat (Böll entdeckte hier unter *vielen Büchern, die offiziell verboten waren*, Freud und Marx), ein Sortiment und auch einen kleinen Verlag führte. Schon Anfang 1938 wurde dies Experiment als unbefriedigend abgebrochen. Zwischen Frühjahr und Herbst dieses Jahres war Böll eine Art *Hilfsarbeiter* in der väterlichen Firma.[170] Eine *Bibliothekarslaufbahn* wurde kurz erwogen.[171] Erste schriftstellerische Versuche erfolgten. Kurz, das ganze Schwanken, Zögern vor Verbindlichkeiten, das zur Entwicklung eines Schriftstellers, eines kreativen Künstlers gehört, ereignete sich nun unter der besonderen Abneigung gegen jede *erzwungene Organisiertheit*[172] im faschistischen Staat. Dieser Zustand führte zu der dringlichen Frage der Mutter, unter die Böll im Rückblick das ganze Kapitel seiner Schul- und Ausbildungszeit unter den Nazis gestellt hat: *Was soll aus dem Jungen bloß werden?*[173]

Nationalsozialismus sei «der organisierte Wille der Nation», hieß es auf politischen Plakaten und auf den Parteitagen, bei Paraden und auf der Wagner-Bühne sah es ja auch danach aus. Aber nicht im Alltag, und besonders nicht im Alltag kleiner Leute; *die Universität Köln ... war schneller gleichgeschaltet als, sagen wir, das Straßenbahndepot Köln-Ehrenfeld.*[174] Unterhalb dessen, was Widerstand zu nennen wäre, lebte in der Bevölkerung eine Renitenz, der allerdings das Gefühl der Ohnmacht aufsaß. Bei den Museumsbesuchen mit dem Vater wurde die Entfernung Picassos bemerkt, um so mehr wurden kleine *Reproduktionen von Cézanne, van Gogh* zu einer *Kostbarkeit. Wir wußten also ungefähr, was uns vorenthalten wurde.*[175] Die Konzerte im Gürzenich blieben, *erstaunlich mutige Vorträge im Katholischen Akademikerverband* fanden statt.[176] Kino und Tanzveranstaltungen liefen weiter. Wenn Böll durch gelegentliche Nachhilfestunden – bei großem Angebot arbeitsloser Lehrer und geringer Nachfrage zahlungswilliger Kunden (*Oh, freie Marktwirtschaft!*) – 50 Pfennig *die Stunde Latein und Mathematik* eingenommen hatte, dann war die Entscheidung schwer, ob diese Summe in *zwei bis drei antiquarischen Büchern*, einem *Kinobesuch in der billigsten Klasse plus drei Zigaretten*, einer *Schülerkarte* für ein Konzert oder *zwei Tassen Kaffee plus drei Zigaretten* anzulegen war.[177] Wo es im gesellschaftlichen Leben *so wenige Beispiele* des Widerstands gab *und auch wenig Ermutigung*[178], und wo dennoch die Empfindung vorherrschte: *noch war nicht alles total*[179], kehrte sich das Erleben wiederum in den inneren Kreis: *Es blieb viel: die Loyalität der Eltern und Geschwister, der Freunde, auch solcher, die längst in Naziorganisationen waren.*[180]

Herbst 1938 bis Frühjahr 1939 leistete Böll seinen Reichsarbeitsdienst als Vorbedingung des Universitätsstudiums ab. Den proletarischen Freund der Kindheit hatte Böll vergessen, als er über diese Zeit *schwerster Arbeit unter sehr schweren Bedingungen* berichtete: *es war die erste Begegnung mit Arbeitern*, von denen einige *richtige Analphabeten* gewesen seien, für die er *eine Art Briefsteller* machte. *Es war für mich eine Riesenüberraschung, dieses Milieu kennenzulernen.*[181]

Zum Sommersemester 1939 immatrikulierte sich Böll an der Universität Köln und belegte in den Fächern Germanistik und klassische Philologie. Doch schon im Juli 1939 wurde er *zur Armee eingezogen ... ein paar Wochen vor Kriegsausbruch*[182].

Das muß das Schlimmste all dieser Jahre für den Heranwachsenden gewesen sein, dies immerwährende Wissen: *wir lebten auf den Krieg zu.*[183] Seit Hitlers «Mein Kampf» 1927 abgeschlossen war und schon 1933 in einer Gesamtauflage von 690 000 Exemplaren dem Publikum vorlag,

Mit den Brüdern Alois und Alfred, 1940

konnte sich jeder die Einsicht erworben haben, die Heinrich Mann, Dezember 1932, in seinem Essay «Bekenntnis zum Übernationalen» in der «Neuen Rundschau» vorgetragen hatte: «Der politische Irrationalismus verlangt jetzt schon wieder nach einem Krieg, er braucht ihn schon wieder ... Läge wirklich die ganze Macht noch immer bei dem alten System, der Krieg müßte ausbrechen, und folgerichtig ginge er gegen Sowjet-Rußland.»[184] Hitler hatte fünf Jahre zuvor den Sachverhalt in Sperrdruck klargestellt: «Nicht West- und nicht Ostorientierung darf das künftige Ziel unserer Außenpolitik sein, sondern Ost-Politik im Sinne der Erwerbung der notwendigen Scholle für unser deutsches Volk.» («Mein Kampf», II, 14. Kapitel) Was immer Bölls Mutter davon wußte, diese *intelligente, sensible und leidenschaftliche Frau*[185], deren Spitzname in der Familie *Clara Zetkin* war[186], sagte am Tag der Machtübergabe an Hitler: *«Das ist der Krieg.»*[187] Durch sie, durch Geschwister und Freunde, durch den Anblick der zur Besetzung des Rheinlandes über die Hohenzollernbrücke einmarschierenden Reichstruppen war der Gedanke stets anwesend, *daß es Krieg geben würde, und die Angst davor und das Darauf-Zusteuern war fast noch schlimmer als der Krieg selbst*[188].

Wir müssen Details der Etappen Bölls im Krieg übergehen. Nach einer Ausbildungszeit als Infanterist gelangte er in Frankreich, in Polen, nach einem Lazarettaufenthalt abermals in Frankreich hinter den Fronten zum Einsatz. Später wollte er – *jung und sehr neugierig* – den *Krieg an der*

Front erleben.[189] Er wurde auf der Krim, dann an der rumänischen Front und nach einigem Herumirren im Westen Deutschlands noch einmal im letzten Drittel des April 1945 an der Westfront eingesetzt. Dort geriet er in amerikanische Kriegsgefangenschaft in der Nähe von Reims und wurde im Oktober/November 1945 in ein britisches Gefangenenlager bei Waterloo überwiesen. Zwei Erlebnisse dieser Jahre scheinen sich Böll eingeprägt und in seinem Werk fortgewirkt zu haben: *Der Krieg hat mich gelehrt, wie lächerlich die Männlichkeit ist*, und zudem – *wahrscheinlich noch entscheidender* – notierte Böll *auch die Hilflosigkeit des Mannes im Krieg*.[190] So brachte Böll ein ganz anderes Kriegserlebnis in seine Erzählungen ein als dasjenige *bei Remarque und bei Beumelburg ... und Jünger*[191], nämlich ein entheroisiertes. Das andere war das Erlebnis des Krieges als eines großen und unsauberen Geschäfts. Oft hat Böll der *ungeheuren Schwarzmarkt-Erfahrung* gedacht, die er im Krieg *von Westfrankreich bis Mittelrußland* gesammelt habe.[192] In diesem Licht erschien ihm dann der *Zigarettenschmuggel* mit holländischer Ware, an dem er sich als Gymnasiast beteiligt hatte, als *frühe Übung bzw. Schulung*, die ihm *später auf vielen Schwarzmärkten Europas nützlich gewesen sei*.[193] Ja, gelegentlich legte er Gesprächspartnern die Vorstellung nahe, *daß, ich weiß nicht, wie-*

Heinrich Böll, fünfter von rechts

Mit Annemarie Çech, 1942

viel Millionen Soldaten die deutsche Wehrmacht hatte, zwanzig oder fünf-
zehn ... daß das alles potentielle Diebe waren, die in ganz Europa geklaut
haben, was eben möglich war ...[194] Da sind wir dem Goetheschen «Krieg,
Handel und Piraterie, dreieinig sind sie, nicht zu trennen» («Faust» II,
IV. Akt) nahe.

Im Dezember 1942 hatte Böll die aus Pilsen stammende, ihm seit
einigen Jahren befreundete Annemarie Çech in Köln geheiratet. Nach
einer Wanderschaft durch amerikanische und englische Kriegsgefange-
nenlager wurde Böll im September 1945 entlassen. Er suchte seine Frau
an ihrem Evakuierungsort im Bergischen Land auf. Dort war Bölls erster
Sohn, Christoph, im Juli geboren worden. Er starb im Oktober.

Kahlschlag – «Trümmerliteratur»

Ich wußte, was passiert war, ich wußte, was die Amerikaner, Franzosen, Engländer ungefähr von uns hielten ... und hab mir keine Illusionen gemacht über den historischen Augenblick 1945. Aber immer, trotz Trümmer, Elend, Schwierigkeiten, Hunger und so weiter, blieb das Gefühl, befreit zu sein, das entscheidende. Das war für mich ein Anstoß, ich habe also zwischen 1939 und 45 keine Zeile geschrieben, nur sehr viel Briefe an meine Frau, meine spätere Frau, meine Freunde, aber das war ein so ungeheurer Impetus nach 45 – ich war schon sehr früh zu Hause –, da hab ich sofort angefangen zu schreiben.[195]

Im November 1945 kehrten Böll, seine Frau und andere Mitglieder der Familie aus der Evakuierung nach Köln zurück. Nach dem «totalen Krieg», nach den letzten Hetzkommandos, den Feind nur über «verbrannte Erde» ins Land gelangen zu lassen, fand Böll eine zerstörte, ja verwüstete Vaterstadt vor. «Von den Häusern und öffentlichen Gebäuden waren über die Hälfte völlig und fast alle anderen teilweise zerstört. Nur dreihundert Häuser waren unbeschädigt geblieben. Sicher ebenso groß war der Schaden, der der Stadt durch die Zerstörung der Straßen, der Straßenbahngeleise, der unter der Erde gelegenen Kanalisation, Wasserleitungen, Gasleitungen, der elektrischen Stromanlagen und anderer öffentlicher Einrichtungen zugefügt war. Die Gefahren, die sich daraus für die Gesundheit der Menschen ergaben, kann man sich kaum vorstellen» – so resümierte der wiedereingesetzte kölnische Oberbürgermeister Konrad Adenauer auf seine trockene Weise.[196] Die Alliierten, die die zivilen Wohnviertel planmäßig zerstört hatten, mußten nun Fourage an die Bevölkerung abgeben, die sich aus meterhohen Schuttbergen herausarbeitete und sich die Wege durch die Trümmerhalden bahnte. Das Elend war ungeheuer. Böll *war zunächst einmal für zwei Jahre ein kranker Mensch. Nicht nur wegen des Hungers und der Bedingungen in den Gefangenenlagern, auch wegen der Krankheiten, die ich im Krieg gehabt hatte.*[197]

Staub und *Stille* herrschten über den Ruinen, wie sich Böll in verdichtender Beschreibung häufig erinnert. Es erschien ihm wie ein Titanenwerk, *gegen alle Hoffnung als Sisyphus und Herakles diese Unermeßlichkeit des Staubes zu bekämpfen.* Böll hat ferner diesen anderen Eindruck

festgehalten, der jeden in den entvölkerten Großstädten befiel: *Das andere war die Stille, sie war so unermeßlich wie der Staub* ...[198]

Böll arbeitete mit am Aufbau des Hauses in Köln-Bayenthal, Schillerstraße 99, das mehrere Familienzweige und auch der alte Viktor Böll bewohnten; er arbeitete ferner als Hilfsarbeiter in der Tischlerei des Bruders Alois, immatrikulierte sich 1946 abermals (um Lebensmittelkarten zu erhalten) an der Kölner Universität. Ja, 1950 war er als «vorübergehend Beschäftigter» bei der Stadtverwaltung Köln im «Einsatz beim Statistischen Amt für die Durchführung einer Volkszählung» tätig. Die stetigen Einnahmen für den Unterhalt der Familie kamen in diesen ersten Nachkriegsjahren durch Annemarie Bölls Tätigkeit als Lehrerin herein; *ihr Job war unsere Basis*[199]. Sie gab diese Tätigkeit erst 1951/52 zugunsten eigener literarischer Arbeiten, vornehmlich Übersetzungen aus dem Englischen, auf, als sich Bölls schriftstellerische Erfolge einzustellen begannen.

Die ersten Arbeiten Bölls spiegeln von den materiellen Entbehrungen und Gefahren des Nachkriegs manches wider. *Es war merkwürdig: Genau fünf Minuten, bevor die Razzia losging, beschlich mich ein Gefühl der Unsicherheit ... ich blickte scheu um mich, ging dann langsam am Rhein vorbei auf den Bahnhof zu, und ich war gar nicht erstaunt, als ich auch schon die kleinen Flitzer mit den rotbemützten Polizisten heranrasen sah,*

die das Häuserviertel umstellten, absperrten und zu untersuchen begannen.
(*Kumpel mit dem langen Haar*)[200] Das ist der Anfang einer der frühesten erhaltenen und veröffentlichten Kurzgeschichten Bölls, charakteristisch in ihrem genauen Erfassen von Zeit und Umständen und ebenso charakteristisch in ihrer Konstruktion: aus den bedrückenden Einzelheiten von Armut und Verlust den Trost einer menschlichen Begegnung zu entwickeln.

«*Ami-Zigaretten ... Schwarzfahren ...*»[201] verbinden einen jungen Mann mit einem Mädchen zufällig. Sie verbringen die Nacht gemeinsam. *Als es kühl wurde, gegen Morgen, kroch ich ganz nah zu ihr, und sie deckte einen Teil ihres dünnen Mäntelchens über mich. So wärmten wir uns mit unserm Atem und unserm Blut.*[202] Unmerklich sind Zeit und Umstände dieser kleinen Skizze im Bild des schützenden Mantels überhöht worden. Doch der abgesetzte Schlußsatz weist dann wieder auf den zeitgeschichtlichen Grund zurück, aus dem die schriftstellerische Erfahrung hervorgeht: *Seitdem sind wir zusammen – in dieser Zeit.*[203]

Bölls Erfahrungen *in dieser Zeit* sind von ihm von Anfang an spannungsreich, ja widersprüchlich erlebt worden. *Aber das Leben in einer zerstörten Stadt, einer total zerstörten Stadt, hatte natürlich nicht nur Schwierigkeiten, sondern auch Reize. Es war sehr still, es war wunderbar*

Viktor Böll und seine Kinder, 1950

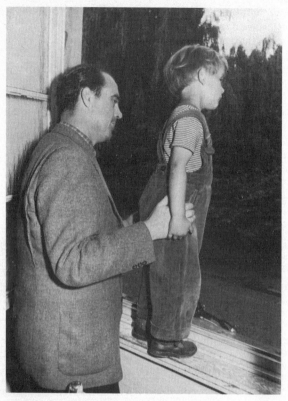

Mit Sohn René

ruhig. Wir haben die üblichen Schwarzmarkterfahrungen gemacht, die üblichen Versorgungsschwierigkeiten, die im Jahre 47 besonders hart waren, und die üblichen Diebstähle begangen. Ich habe sie begangen, das hatte ich ja im Krieg gelernt, damit wir nicht erfroren und nicht verhungerten. Das alles waren sehr wichtige Erfahrungen, weil in dieser Zeit, so zwischen 45 und 48, die bürgerlichen Gesetze von Eigentum ziemlich mißachtet wurden, auch von den Bürgern.[204] Die Komplexität der zeitgeschichtlichen Erfahrung ist damit umrissen: Sie reichte über das materielle Entbehren weit hinaus. Dieses kannte Böll aus dem Krieg, seit Jugendjahren, seit der Kindheit, als er englischen Besatzungssoldaten *Sand in die Fahrerhäuser* ihrer Autos geworfen und auf ihr Geschimpfe in kindlichem Hohn «tschokelät pliehs»[205] erwidert hatte. Was die Nachkriegserfahrung eigentlich enthielt, war mehr als die Erfahrung der Trümmer, des Hungers und körperlichen Elends, es war das Erlebnis einer verwüsteten Gesell-

Annemarie Böll mit Sohn Vincent

schaft. Und es ist Bölls ganz eigene Erfahrung seiner Zeit, in ihr stets das Geflecht des Gesellschaftlichen und in diesem wiederum des geschichtlich Bedingten zu erblicken und zu erfassen.

Die Kriegszeit erscheint so als Lehrzeit für Schwarzmarkt und Diebstähle danach. Das entspricht Bölls völlig entheroisierender Darstellung des Krieges. Aber Schwarzmarkt und Diebstähle erscheinen auch als die positive und befreiende Erfahrung, daß *die bürgerlichen Gesetze von Eigentum*[206] überschreitbar sind. Böll hat gerade diese Erfahrung im Rückblick aus den Entwicklungen, die die Bundesrepublik genommen hat, immer wieder reflektiert und als die *Provokation* der *Besitzlosigkeit* bezeichnet: *Jeder besaß das nackte Leben und außerdem was ihm unter die Hände geriet: Kohlen, Holz, Bücher, Baumaterial. Jeder hätte jeden mit Recht des Diebstahls bezichtigen können. Wer in einer zerstörten Großstadt nicht erfror, mußte sein Holz oder seine Kohlen gestohlen haben, und wer nicht*

*verhungerte, mußte auf irgendeine gesetzeswidrige Weise sich Nahrung ver-
schafft haben oder haben beschaffen lassen.*[207] Eine *Gesellschaft von Be-
sitzlosen und potentiellen Dieben* hat Böll diese Nachkriegsgesellschaft ein
andermal genannt, und er konnte mit ihr deshalb sympathisieren, weil er
in ihr den Ansatz zu *etwas Klassenlosem* erkennen zu können vermeinte.
Er wolle das *nicht anarchistisch nennen, das wäre zu bewußt*[208], aber doch
nehmen Bölls Beobachtungen aus Krieg und Nachkrieg gerade Elemente
des Anarchischen bevorzugt wahr. Er teilt – mit Brecht zu sprechen – die
Überzeugung, daß «Ordnung in einem Schweinestall» überflüssig sei
(«Flüchtlingsgespräche»), er wendet sich in einer frühen Skizze gegen den
Dienst der Ordnung (Aus der «Vorzeit»)[209], er läßt einen antiautoritären
Oberleutnant, der die *glorreichen Freiheiten eines Zivilisten* höher schätzt
als den militärischen Drill, das *Plündern* ausdrücklich zum *guten Recht
eines jeden Soldaten* erklären (*Das Vermächtnis*)[210]. Im Zustand einer ge-
wissen Gesetzlosigkeit muß Böll damals so etwas wie die Verheißung einer neuen, freieren Gesellschaft gesehen haben, eine vage ausgleichende
Gerechtigkeit, auf die er gesprächsweise hindeutete mit der Bemerkung,
daß in den Trümmern, in den zerstörten Städten das gleiche (wie beim
Plündern der Soldaten) *herrschte, so 'ne Art materieller Lastenausgleich*
... Wie schon in den dreißiger Jahren fand Böll es auch jetzt *ungeheuer
reizvoll* dieses *Anarchische, diese Gesellschaft zu beschreiben, zu beobachten und daraus Stoff zu entnehmen.*[211]
   Böll war 1945 28 Jahre alt – *also alt genug, um zu wissen, was passiert
war, um zu wissen, woran ich beteiligt war, ohne große persönliche Reue*

und auch ohne großes persönliches Schuldgefühl ...[212] Er hat sich überhaupt bald sowohl gegen den *Bausch der Kollektivschuld*, die dem Volk von gewissen Seiten angelastet wurde, als auch gegen den *Bogen der Verzeihung*, die ihm im Zuge der Wiederaufrüstung dann gewährt wurde, gewandt.[213] Ein eigentlich politisches Interesse hatte er nicht: *die Tatsache, besetzt zu sein, also unter Besatzungsstatut zu leben, hatte natürlich auch etwas Befreiendes und etwas Verantwortungsloses ... ich dachte, jetzt machen die das so mit Zonen und Teilung Deutschlands, das interessiert uns doch gar nicht ...* Er hat offen zugegeben: *die Vorstellung von einem deutschen Staat hab ich nicht gehabt.*[214] Für seine schriftstellerische Arbeit brauchte er sie auch nicht, für sie war keine politische Systematik erforderlich. Bölls Selbstverständnis als Deutscher war durch die klassischen Bildungstraditionen verinnerlicht. Diese Verinnerlichung, in der Nazizeit bewußt ausgebildet, wurde im Nachkrieg gestärkt: *Weil dieses Volk so verachtet wurde, wollte ich auch dazugehören.*[215] Die *Herablassung*, die die Besatzer den Deutschen entgegenbrachten, steigerte diese Verinnerlichung, und auf sie hatte sich Böll auch schon besonders während der Kriegsgefangenschaft zurückgezogen. Dort hatte er diesen *Stolz* auf seine *eigene Sprache* entwickelt. *Wenn Sie so monatelang als fucking German Nazi behandelt werden und in den Hintern getreten, dann denken Sie ... ich bin trotzdem Deutscher, und ich werde schreiben.*[216]

Die literarische Situation, in der Böll erneut zu schreiben begann, war zerklüftet. Die Körperschaft der «Inneren Emigration» hatte sich in einem «Offenen Brief» Frank Thieß' an Thomas Mann im August 1945 etabliert, und Thieß hatte da den Satz aufgestellt, daß er, indem er im Reich verblieben war, «reicher an Wissen und Erleben daraus hervorginge, als wenn ich aus den Logen und Parterreplätzen des Auslands der deutschen Tragödie zuschaute»[217]. Thomas Mann hatte, gereizt durch Thieß' völkische Argumentation, aus Kalifornien im Oktober 1945 erwidert, er fände «Bücher, die von 1933 bis 1945 in Deutschland überhaupt gedruckt werden konnten, weniger als wertlos ... Ein Geruch von Blut und Schande haftet ihnen an. Sie sollten alle eingestampft werden.»[218] Diese Äußerung muß Böll so lebhaft im Gedächtnis geblieben sein wie vielen anderen, und seine Abweisung gewisser herablassender *Äußerungen von ehemaligen Emigranten*[219] muß Thomas Manns schroffes Urteil einschließen. – Bölls Aussagen zu Thomas Mann sind beiläufiger Natur. Dieser *Nationalismus und Prussismus*[220] in den «Betrachtungen eines Unpolitischen», die Böll 1942 in Paris las, konnte ihm nicht gefallen, seine *unangefochtene Bürgerlichkeit*[220 a] auch nicht; im Gespräch mit Heinz Ludwig Arnold fand er die Thomas Mannsche Ironie *zu bürgerlich*[221] – was immer das heißen mag. Aber Böll, der «Buddenbrooks» nur *zufällig*[222] zur Kenntnis genommen hatte, notierte doch aufmerksam, daß der alte Thomas Mann in den fünfziger Jahren noch geäußert haben sollte, «es gäbe keine neue deutsche Literatur»[223]. *Der Zugang zur verbotenen Emigrationsliteratur sei bald gegeben gewesen,*

aber merkwürdigerweise konnten wir damit nicht viel anfangen, hat Böll bekannt.[224] Ja, er hat dies Unverhältnis damit erklärt, daß *diese zwölf Jahre in Deutschland ... die deutsche Sprache verändert* hatten, *nicht nur zum Negativen ... da gab es zur Sprache der Emigrationsliteratur sehr wenig Anknüpfung.*[225] Diese Argumentation gleicht derjenigen Thieß'. Sie ist im Fall Bölls begründbar durch jene in den dreißiger Jahren aufgenommenen westeuropäisch-konservativen literarischen Einflüsse, die im vorigen Kapitel besprochen wurden. Was die Reduktion der literarischen Problematik auf *die deutsche Sprache* betrifft, so muß dazu späterhin bei Behandlung der Böllschen Literaturauffassung und Ästhetik noch einiges angemerkt werden.

Zu den Fronten zwischen «Innerer Emigration» und Exil gesellte sich die andere Front der Bekehrten, Konvertierten, die im Transzendieren das Heil der Nachkriegsgesellschaft erblickten, allen voran der proselytenmacherische Neukatholik Döblin mit seiner Zeitschrift «Das Goldene

Tor», in der er eine eigene Literaturpolitik sowohl gegen Gottfried Benn als auch gegen Thomas Mann betrieb. Böll nimmt Döblin stets pflicht-schuldig – unterm *Etikett «christlich»* [226] – aus, wenn er Reserven gegen die Emigranten anmeldet. Aber gelesen hat er ihn erst *später*, und die *Rück-*

Typoskript, «Das Brot der frühen Jahre»

gelesesen haben musste: sie hatte dunkles Haar und ihr Mantel war
so grün wie Gras, das ~~xxxxxxxx~~ (geschossen ist) in einer warmen
Regennacht, er war so grün, dass mir schien, er müsse nach Gras
riechen; ihr Haar war so dunkel, wie Schieferdächer nach einem
Regen sind und ihr Gesicht so weiss wie die wWeisse von Blättern,
durch die es rötlich schimmert -- ~~xxxxxxxxxxxxxxxxx~~,
ich sah nur diesen grellgrünen Mantel, sah dieses Gesicht und ich
hatte plötzlich Angst, jene Angst, die Entdecker empfinden mögen,
wenn sie das neue Land betreten haben, wissend, dass eine andere
Expedition unterwegs ist, die vielleicht die Flagge schon ge-
steckt, schon Besitzergriffen hat und die fürchten müssen, die
Qual der langen Reise, die Strapazen, dieses Spiel auf Leben und
Tod könnte umsonst gewesen sein.-- ~~xxxxxxxxxxxxx~~

Ich liess die Zigarette fallen und lief
die sechs Schritte, die die Breite der Treppe ausmachten.
~~xxxxxxxxxxxxxxxxxxxxxxxxxxxxxxxx~~
Meine Angst war weg, als ich vor ihr stand, ~~und~~ Ich sagte
~~xxxxxxxxxxxxxxxxxxxxxxxxxxxxxxxxx~~
~~xxxxxxx~~ " Kann ich etwas für Sie tun?"
Sie lächelte, nickte ~~xxx~~ und sagte:"Oh, ja, Sie können mir
sagen, wo die ~~xxxx~~gasse ist".
"~~xxxxx~~gasse" sagte ich, und es war mir, wie wenn ich im Traum
meinen Namen rufen hörte, ohne ihn als meinen Namen zu erkennen;
~~ich~~ war nicht bei mir, und es schien mir, als begriffe ich, was es
heisst, nicht bei sich zu sein.

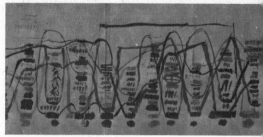

Grundriß,
«Haus ohne Hüter»

koppelung an die deutsche Tradition[227], die Böll bei dieser Lektüre erfuhr, hat nicht mehr prägend auf seine schriftstellerischen Anfänge eingewirkt.

Stellvertretend für eine dritte Gruppe exilierter Schriftsteller wäre Heinrich Mann zu nennen: Er hatte sich aus den politischen Sammlungsbewegungen der dreißiger Jahre, besonders dem Volksfrontbündnis der deutschen Arbeiterparteien, wie es sich – allen Widersprüchlichkeiten zum Trotz – in Paris in Anlehnung an das Vorbild der Front populaire Léon Blums gebildet hatte, die unverbrüchliche Überzeugung bewahrt, daß ein Aufbau der deutschen Gesellschaft nach dem Krieg nur in sozialistischer Form stattfinden solle. Aber seine Stimme drang in die Trizone des Westens gar nicht, und sein dichterisches Alterswerk ist hier bis heute nicht begriffen worden. Böll hat das gelegentlich beklagt.

Angesichts dieser zerklüfteten Literaturverhältnisse von «Kahlschlag» oder «Nullpunkt» zu sprechen, wie Kultur- und Literaturkritiker des Nachkriegs das getan haben, ist schief, ja demagogisch irreleitend. «Kahlschlag» und «Nullpunkt» waren Metaphern, die nach zwei Seiten vernebelnd funktionierten: Sie entschuldigten Krieg und Nachkrieg als Elementarereignis und gaben der Hoffnung Ausdruck, daß unter günstigeren klimatischen Verhältnissen, als der Faschismus sie gewährte, das Barometer der Kultur steigen und eine neu zu pflanzende Schonung zu Wäldern der Literatur emporwachsen würde. Böll selbst war dieser Fehleinschätzung unterlegen, wenn er noch 1973 mit Bezug auf seine Anfänge bemerkte: *Wir mußten wieder bei Null anfangen.*[228] Vier Jahre später – Anfang der siebziger Jahre waren die ersten literarhistorischen Arbeiten erschienen, die sowohl der «Nullpunkt»-Theorie entgegentraten als auch das mangelhafte re-education-Programm der Alliierten kritisch analysierten – erklärte Böll: *der Nullpunkt ist die irreführende Bezeichnung*[229], indem er gleichzeitig vorschlug, eher *1943, Stalingrad* oder gar *1933* als «Nullpunkt» anzusetzen.[230]

Mit der «Nullpunkt»-Theorie hatte sich Böll einer Gruppenmeinung angeschlossen, mit der Absage an sie auch die Bindung an diese Gruppe

64

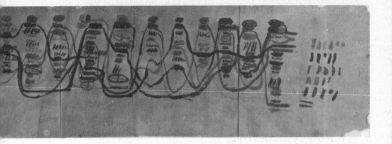

verloren: Es war die «Gruppe 47», begründet im zweiten Nachkriegsjahr von Hans Werner Richter und Alfred Andersch, Antifaschisten, die schon in amerikanischer Gefangenschaft ihre Gedanken zu einer neuen deutschen Literatur diskutiert und in der Zeitschrift «Der Ruf, Blätter der jungen Generation» dann veröffentlicht hatten. Sie riefen im Herbst 1947 zur Bildung der literarischen Gruppe auf, als ihnen im April von der US-Militärregierung die Fortführung ihrer Zeitschrift verboten worden war. Eine zweite Zeitschriftengründung, geplant als «Der Skorpion», wurde ebenfalls als «zu nihilistisch» von der US-Militärregierung untersagt.[231] So war die «Gruppe 47» zu einem Politikum geworden, und die Autoren, die sich auf ihren Tagungen zusammenfanden, verband in ihren Diskussionen literarischer Formen, neuer Genres und stilistischer Fragen im weitesten Sinn ein demokratisches gesellschaftskritisches Interesse. Sie waren in Westdeutschland das einzige Forum, das eine Literaturprogrammatik verfolgte, deren *Gesamttendenz* Böll im Rückblick *eine Art «kritischen Realismus»* genannt hat, mit der Hinzufügung, daß die Gruppe ihre literarischen Entscheidungen oft dieser *latenten Tendenz zuwider* getroffen habe.[232] Im Ganzen sei die «Gruppe 47» *ein Publikationsinstrument, ein Forum, ein Medium, natürlich auch ein Markt* gewesen und geblieben.[233]

Was ihre Kritiker im einzelnen gegen ihre Einladungsverfahren, ihre Dichterlesungen, die Art der Be- und Aburteilung der Debütanten gesagt haben, ist für die Literaturgeschichte nicht wichtig. Aber ein Haupteinwand ihrer Gegner war von Anfang an der, daß die Setzung einer neuen deutschen Literatur aus dem Anfang «Null» der Reintegration nicht nur der Exilliteratur, sondern im Ganzen der Zusammenfügung der unterbrochenen geistig-künstlerischen Traditionen hinderlich sei. Bölls Reserven gegenüber der Emigrationsliteratur wurden in der «Gruppe 47» nicht vermindert. Sonst aber ist ihre Tendenz jenes *«kritischen Realismus»* Bölls schriftstellerischer Entwicklung zugute gekommen.

Bölls literarische Anfänge sind heute noch nicht durchleuchtet. Die

ersten Versuche der dreißiger Jahre sind im Krieg vernichtet worden. Der
Neubeginn zwischen 1945 und 1947 ist noch nicht dokumentiert. *Es war
so unglaublich schwer, kurz nach 1945 auch nur eine halbe Seite Prosa zu
schreiben*, hat Böll zu Urs Widmer geäußert.[234] Dieser Schwierigkeit zum
Trotz heißt es an anderer Stelle: *Zwischen 1945 und 1947 habe ich, glaube
ich, etwa 60 Novellen in zehn verschiedenen Zeitungen veröffentlicht.*[235]
Von diesen erscheinen in der Werkausgabe Bölls (1977/78) kaum ein halbes Dutzend. Von den *vier oder fünf, vielleicht auch sechs Romanen*[236],
die erwähnt werden, ist 1981 einer, *Das Vermächtnis*, als Kurzroman erst-
veröffentlicht worden. Doch die wenigen Materialien zeigen, daß in den
frühesten Erzählungen eine ganz bestimmte Entwicklung ansetzt. Gewisse psalmodierende Wendungen, die auch durch die kirchliche Liturgie
angeregt sein mögen, treten in den frühesten Erzählungen hervor, bestimmen mit einer Mystik die Lösung mancher kleinen Skizzen. *Wie schrecklich diese religiöse Inbrunst, die dem Gewehr galt! Auf welch unwürdige*

Weise waren hier Askese, Buße und das Erleiden von Strapazen in den Dienst einer Hierarchie des Stumpfsinns gestellt.[237] *Es war unsagbar still, jene Stunde, wo die Dämmerung noch eine Atempause macht ...*[238] Oder die mit *grinsender Wollust* hereinbrechenden Granaten[239] – solche Passagen müssen zu den wenigen verbliebenen Resten dessen gehören, was Böll aus seiner Frühzeit einmal die *ungeheuren Mengen pathetisch-ge-schwätzigen Krams*, die er geschrieben habe, genannt hat.[240] Noch vor seiner persönlichen Begegnung mit der «Gruppe 47» muß Alfred Anderschs und Hans Werner Richters Zeitschrift «Der Ruf», die Böll in der Erinnerung neben Döblins «Goldenem Tor» und dem «Karussell» (in dem eigene Arbeiten 1947 erschienen) aus der *Menge literarischer Zeit-schriften* gleich nach Kriegsende namentlich heraushebt[241], stilbildend im Sinne eines *kritischen Realismus* auf Böll eingewirkt haben. Das *pathetische* Element jedenfalls zieht sich in die psalmodierenden Leitmotive der ersten Romane zurück, in denen es zwar ein oft vordergründiges tektonisches Element bildet, aber nicht mehr die Masse des Erzählstoffs färbt, also nicht als *geschwätziger Kram* in voller Breite auftaucht.

Die Literatur damals war auch eine Sache von Lizenzen, die die Militärregierungen vergaben. Die amerikanische lizensierte den harten (objektivistischen) Realismus ihrer erfolgreichen Erzähler; die französische lizensierte den Existentialismus ihrer erfolgreichen Philosophen und Essayisten. Ein Blick in die Trivialliteratur gibt zur ersten Position den passendsten Beleg. In Bengta Bischoffs Roman «6 Richtige», der Anfang der fünfziger Jahre spielt, heißt es zu Anfang des zweiten Kapitels: «Sie las gern. Ernest Hemingway, John Steinbeck, Tennessee Williams, Arthur Miller und viele andere ...» Die re-education brachte diese Einseitigkeit zustande. Sie war indes für das Sichherausbilden der «Trümmerliteratur» durchaus brauchbar und wurde erst dann zu einem spürbaren Hemmnis, als Böll und andere Autoren erzählerische Großformen ausbauen wollten. Die «Trümmerliteratur» war gefüllt mit kleinen Formen der Prosa.

Der Begriff der «Trümmerliteratur» ist brauchbarer als der des «Kahl-schlags» oder der des «Nullpunkts», weil er nicht metaphorisiert, sondern konkret den Inhalt der Sache bezeichnet. Böll hat 1952 ein *Bekenntnis* zu ihr geschrieben – aus dem Rückblick auf die Anfänge der Bundesrepublik. Das bedeutete, daß Vergleiche möglich waren, Vergleiche aus der verwalteten Welt zurück in die verwüstete mit ihrer Freisetzung positiver Kräfte. ... *die Menschen, von denen wir schrieben, lebten in Trümmern, sie kamen aus dem Kriege ... Sie lebten keineswegs in völligem Frieden, ihre Umgebung, ihr Befinden, nichts an ihnen und um sie herum war idyl-lisch, und wir als Schreibende fühlten uns ihnen so nahe, daß wir uns mit ihnen identifizierten.* So rechtfertigt Böll sich und seine Kollegen vor dem *vorwurfsvollen, fast gekränkten Ton*, in dem ihnen *offenbar übel* genommen wurde, daß sie die zertrümmerte Wirklichkeit beschrieben.[242] Zum Verweis auf die Realität enthält diese Rechtfertigung aber auch den Ver-

Mit seiner Frau Annemarie

weis auf den klassischen literarischen Realismus Charles Dickens' und Honoré de Balzacs; ja Böll zieht hier *den Stammvater europäischer Epik*, Homer, als ersten Autor von *Kriegs-, Trümmer- und Heimkehrrliteratur*[243] heran, womit dann allerdings die deutsche Nachkriegsliteratur auf gebildete Weise in größtem Stil kanonisiert ist. Mit dieser Berufung auf die Traditionen des literarischen Realismus war aber auch der gesellschaftskritische Auftrag des Realismus des 19. Jahrhunderts gemeint, und dieser richtete sich an Bölls Gegenwart ebenso wie durch ihn im Nachkrieg eine wirklichkeitsnahe Literatur begründet war: *Es ist unsere Aufgabe, daran zu erinnern, daß der Mensch nicht nur existiert, um verwaltet zu werden – und daß die Zerstörungen in unserer Welt nicht nur äußerer Art sind und nicht so geringfügiger Natur, daß man sich anmaßen kann, sie in wenigen Jahren zu heilen.*[244]

Unter Bölls eigene *Trümmerliteratur* jener Jahre mischen sich erste satirische Ansätze (*Mein teures Bein*; *An der Brücke*). Aber der Hauptteil und insbesondere der erste Kurzroman *Der Zug war pünktlich*, 1947 entstanden, ist in seinem Gehalt von einem unreflektierten Schicksalsglauben, von einer formlosen christlich-mystischen Religiosität beherrscht.

Der Traditionalismus von Bölls Vorstellungen zeigt sich in einer rühren-
den Bildungsgläubigkeit – im Träumen eines Soldaten vom Frieden, vom
Studieren, einem *Zimmer . . . mit Büchern . . . Musik . . . Gedichte . . . Blumen*; im Spielen einer Schubert-Sonate hinter der Front; auch in esoteri-
scher Anspielung auf das Lied des Harfners in Goethes «Wilhelm Meister» «Wer sich der Einsamkeit ergibt, ja der ist bald allein . . .». Eine
ätherisierende Liebesauffassung, eine *Liebe ohne Begehren*, erscheint als
abstrakter Schutz vor Lebensschmerzen. Gelegentlich wird eine rigoristi-
sche Sexualmoral ausgesprochen, der die Verführung eines *Blonden*
durch einen *Wachtmeister* als *das Schlimmste*[245] gilt und die dem, der sich
dieser Verführung nicht bequemen will, *weil er nicht, weil er nicht . . . so
werden wollte,* den *wahrhaften Heldentod* zuerkennt.[246] An solchen Stellen verselbständigt sich Bölls Sprache zu jenem psalmodierenden Wiederholen phrasenhafter Wendungen, das der Stillosigkeit nicht fern ist.

Im Ganzen aber gilt seit diesen Jahren des Beginns für Böll der Gedanke eines Heimkehrers, den er faßt, als er einer jungen Frau die Nachricht
vom Tod ihres Mannes im Feld bringt und sie in Gegenwart eines Liebha-
bers findet – ein Gedanke, in dem Böll den geschichtlichen Zusammenhang der Epochen ausspricht: :*Da wußte ich, daß der Krieg niemals zu
Ende sein würde, niemals, solange noch irgendwo eine Wunde blutete, die
er geschlagen hat. (Die Botschaft)*[247]

Kalter Krieg – Wirtschaftswunder

Noch bevor Böll seinen ersten Roman *Der Zug war pünktlich* 1949 veröffentlicht hatte, wurde ihm 1947 Sohn Raimund, 1948 Sohn René geboren. Vincent, der letzte Sohn, kam 1950 zur Welt. So war für eine Familie zu sorgen. Den täglichen Bedarf auf den Schwarzmärkten zu decken war schwierig. Desto merklicher mußte Böll die Währungsreform am 20. Juni 1948 treffen. Die Sache war von den westlichen Alliierten in London beschlossen worden. Die «Eingeborenen von Trizonesien» mußten es sich gefallen lassen, daß ihnen im Verhältnis 1:1 zur Reichsmark 40 DM «Kopfgeld» zugeteilt wurden. Der Rest aller kleinen Vermögen ging ungefähr 100:6,5 dahin. Das fanden alle zunächst wie im Märchen, denn plötzlich barsten die Läden von gehorteten Beständen. Während Böll vor der Währungsreform für *eine längere Kurzgeschichte* je ein Viertel Pfund Tee und Kaffee, für eine andere *acht Zigaretten, Marke «Camel»*[248] auf dem Schwarzmarkt erwerben konnte, waren *am Tag der Währungsreform ... Obst, Fleisch, noch einmal Tee und Kaffee (selbstverständlich auch Zigaretten) und ... wirklich «schönes» (und lächerlich teures) Schreibpapier*[249] ohne Umstände käuflich. *Die einhundertzwanzig Deutschen Mark – die Heinrich, Annemarie und Raimund Böll erhalten hatten – kamen uns wie ein ungeheures Vermögen vor.*[250] Den märchenhaften Vorgang zu verstehen brauchte es einige Zeit. Nach der Währungsreform *erst begriff ich die Vorschußfreudigkeit einiger Verlage und Redaktionen; sie hatten das Abdrucksrecht erworben, ohne daß sie mich in jetzt harter Währung honorieren mußten*[251].

Aber es gab weitere Implikationen. Nach diesem ersten Schritt der westlichen Alliierten, die Trizone Deutschlands ihrer Machtsphäre einzugliedern, folgte sogleich der zweite: am 1. September 1948 wurde der Parlamentarische Rat unter Adenauers Präsidentschaft gebildet. Er hatte die Aufgabe, Westdeutschland eine eigene Verfassung zu erarbeiten. Im Mai 1949 war das «Grundgesetz» der Bundesrepublik, die unter westlichem Besatzungsstatut blieb, erlassen. Die Zweiteilung Deutschlands war besiegelt. Dazu war die Währungsreform der erste Akt gewesen, wie Böll später nach dem Verfliegen der *Euphorie der Nachkriegsjahre*[252] erkannte, die *Währungsreform: die war als technischer Akt notwendig, wenn sie dann auch Privilegien geschaffen hat, die bis heute noch in unserem Wirt-*

schaftssystem existieren ... Es war das strikt kapitalistische Modell, das mit der Währungsreform etabliert wurde ... [253] In diesem *Modell* habe sich bei den Deutschen *ein geradezu krankhaftes Anklammern an Besitz* [254] entwickelt. Daß eine billige Produktion vorher jetzt *in sogenannter harter D-Mark Kapital brachte*, dieses *ökonomische Wunder* habe er *früh durchschaut.* [255]

Böll hat einmal diesen Wiederaufbau des *strikt kapitalistischen Modells* in der Bundesrepublik mit dem geschichtlichen Gesamtprozeß in diesem Jahrhundert in Verbindung gebracht: *Ich denke, daß Deutschland, das Deutschland von 1918 bis 45, in einem latenten Bürgerkrieg zwischen rechts und links oder sagen wir zwischen Kapitalismus und Sozialismus gelebt hat. Es konnte sich nicht entscheiden, es hat den Bürgerkrieg vermieden ...* So wie Deutschland sich nicht selbst *vom Faschismus befreit* habe, sondern *durch die vier alliierten Mächte befreit worden* sei, sei ihm auch *die Entscheidung zwischen Kapitalismus und Sozialismus* von den Alliierten abgenommen worden. [256] Dasselbe gilt natürlich auch mit sozialistischen Vorzeichen für die Ostzone und DDR, nur daß die Schrittmacher der zweifachen Staatengründung auf deutschem Boden Westliche waren. Zu ihrem wirtschaftlichen und militärischen Nutzen wurde die Entwick-

Mit Frau und Söhnen Raimund, Vincent und René

lung vorangetrieben. *Dann kam natürlich die Wiederaufrüstung dazu, ein ganz wichtiges Ereignis: entscheidender als die ... Währungsreform.*[257]

Wenn Böll und seine Generationsgenossen 1945 *politisch von einer tiefen Gleichgültigkeit*[258] gewesen waren, so zwang die Entwicklung, die die Bundesrepublik durch die Eingliederung in den westlichen Machtblock nahm, Böll *das Gefühl, verantwortlich zu sein für eine weitere deutsche Geschichte*[259] geradezu auf. Es war der *Augenblick, als die Wiederaufrüstung propagiert wurde, und so ganz geschickt gegen den Willen der Bevölkerung lanciert*[260] wurde, in dem Bölls Wachsamkeit erwachte. Die Anlässe, sich diese Wachsamkeit zu erhalten, sind in den vergangenen dreißig Jahren bis zu den gegenwärtigen «Nachrüstungsdebatten» immer gravierender geworden.

Es ist in dieser rabiaten Epoche der Berlin-Blockade, des Korea-Kriegs und des Dulles-Conant-Clay-Adenauer-Regiments, in der sich Bölls latente Widersprüche gegen den Staat überhaupt spezifizieren. In dieser scheußlichen Epoche der Nierentische, Bambibeine, Sambastoffe, der Bikinis und des Bikini-Atolls entwickelt Böll den umfassenden Begriff des *Sinnlosen*, der sein Werk durchzieht.

Diese Sinnlosigkeit war grauenhaft[261] – heißt es in Bölls zweitem Roman *Das Vermächtnis*, einem in zehn kleinen Kapiteln in Briefform erzählten Kriegserlebnis. Die im ersten Roman *Der Zug war pünktlich* erreichte Einsicht, daß der Krieg und seine Aktionen dem gesamtgesellschaftlichen *Apparat – Zu gehorsam, zu feige, zu brav ist dieser ganze Apparat aufgebaut*[262] – zugehören, wirkt auch hier weiter. Die *Dämonie der Uniform*, die eine *idiotische Verkehrung der Werte* zeitigte, die *vollkommen unwissenden, geistlosen* Männern Befehlsgewalt gäbe, hatte in einer *Riesenarmee* sich *durch ganz Europa* geschleppt.[263] Aus der *Verzweiflung*, der *Langeweile* und dem *Hunger*[264], die an den Fronten herrschten, wird jene *grauenhafte Sinnlosigkeit* hergeleitet und begründet. Aber sie wird so gefaßt und benannt 1948/49, als Währungsreform und Staatsgründung Bölls gesellschaftlichen Argwohn geweckt hatten und er das *Sinnlose* des Krieges sich in anderen Formen fortzeugen sah. Funker Wenk, der Briefschreiber, vertritt die Meinung, jeder *liebenswürdige Mensch, der sich stets anständig und tadellos benimmt*, sei *in der Kaserne ein Schwein!* Und er fährt aus der Sicht von 1948/49 fort: *So war X und war XY, der heute seine Verbitterung über die vorläufig hinfällige Karriere in amerikanischen Zigaretten und vagen politischen Hoffnungen erstickt und sich im übrigen mit seinen früheren Kameraden regelmäßig trifft, um sich wieder ins Gedächtnis zurückrufen zu können, wie man es «ihnen» gezeigt» hat. Und Y, der sich mit verbissenem Eifer darauf vorbereitet, Staatsanwalt oder Studienrat zu werden, beides Berufe, in denen es Raum genug gibt, noch Wehrlosere als Soldaten anzuschnauzen: Kinder und Arme.*[265] Das *Sinnlose* geht also aus dem Erlebnis des Krieges hervor, aber der Begriff wird nach Währungsreform und Zweiteilung Deutschlands gebildet und bald über Krieg, Opfer, Tod hinaus auf weite Bereiche des Gesellschaftlichen angewandt: gleich in einer Erzählung von 1950 *Geschäft ist Geschäft*, die zu der Zeit spielt, da *Schwarzhändler . . . jetzt ehrlich geworden sind.*[266] Zu einer Zeit, in der die rigide Arbeitsmoral sagt: *Man muß ja jetzt einen Beruf haben . . . Damals sagten sie aber, es wäre nicht nötig, wir brauchten nur Soldaten.*[267] Hier entgegnet eine der ersten Aussteigerfiguren Bölls im Anblick der Gefahr, daß das Werk jeder aufbauenden Arbeit sehr rasch zerstört werden könne: *Wozu da noch arbeiten? Ich finde es sinnlos, da noch zu arbeiten.*[268] In der Erzählung *Die schwarzen Schafe*, 1951, heißt es von einem arbeitseifrigen *Chef, diesem rastlosen Rindvieh*, er führe eine *tödlich sinnlose Existenz.*[269] Der dritte Roman, *Wo warst du, Adam?*, gleichfalls 1951, endet mit dem Gedanken der Hauptfigur, die vor der Tür des Elternhauses noch ganz kurz vor dem Kriegsende von einer Granate getötet wird: *Sinnlos, dachte er, wie vollkommen sinnlos.*[270] Den vierten Roman, *Haus ohne Hüter*, 1953, durchzieht das Thema des *zufälligen, sinnlosen Todes* im Krieg[271], des *Symbols sinnlos geopferter Jugend*[272]. Im *Irischen Tagebuch* werden die *sinnlosen Spielregeln* der trinkenden Jugendlichen[273] erwähnt. In der satirischen Erzählung *Der Wegwerfer*, 1957, ist der Begriff der *Sinnlosigkeit* auf das Konsumwesen[274] angewandt; in *Gruppenbild mit Dame* wird er, nun in witzelnder Weise, als austauschbar mit dem Begriff der *Sinnlichkeit* genannt.[275]

Die Herkunft des Begriffs aus dem Kriegserlebnis bedacht, nimmt es nicht Wunder, ja es scheint konsequent, daß Böll ihn auch auf den militärischen Apparat der Bundesrepublik satirisch anwendet. Am pauschalsten geschieht das in der Aussage eines Pfarrers in jenem Prozeß, der in *Ende einer Dienstfahrt*, 1966, geschildert wird. Zu seiner *These . . . einen jungen Menschen durch den Militärdienst böse, ja bösartig* gemacht zu sehen, sagt der Pfarrer: *nichts sei verderblicher für einen jungen Menschen als die Einsicht in und die Erfahrung mit einer solchen riesigen Organisation, deren Sinn in der Produktion absurder Nichtigkeiten, fast des totalen Nichts, also der Sinnlosigkeit, bestünde . . .*[276] Daß hier in einer gewissen Anstrengung des Begriffs das *Sinnlose* mit dem Absurden* des französischen Existentialismus herangezogen werden soll, liegt in der Konstruktion der Erzählung um ein happening herum, in dem ein junger Soldat einen Jeep der Bundeswehr verbrannt hat, begründet. Kurz vor dieser Erzählung jedoch hatte Böll eine solche Verengung von *Sinnlosigkeit* überschritten: In *Die Kirche im Dorf*, 1965, erzählt ein Steuerprüfer, der seinen Eintritt ins Amt *im Herbst neunundvierzig*[278] vollzogen hatte: *Früher, etwa beim Militär, hatte es mir manchmal Spaß gemacht, die perfekte Sinnlosigkeit in ihrer vollen Quantität am eigenen Leib zu erfahren, und im*

---

* An anderer Stelle wird in dieser Erzählung die «*Quaternität des Absurden*» widersprüchlich mit *Sinnlosigkeit, Unproduktivität, Langeweile, Faulheit*[277] aufgefüllt.

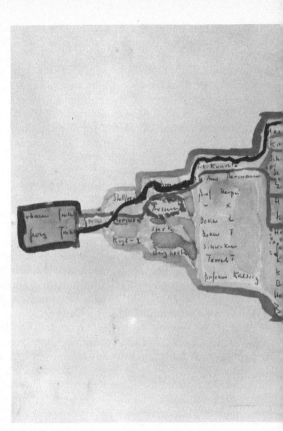

übrigen war dieser Wunsch, Sinnlosigkeit in ihrer vollen Quantität zu erfah-
ren, ein Grund gewesen, warum ich erst Bürgerliches Recht, dann Volks-
wirtschaft studierte, in der letzteren Wissenschaft cum laude promovierte
und mich beim Finanzamt bewarb. Inzwischen war meiner Sucht, quanti-
tative Erfahrungen in Sinnlosigkeit zu sammeln, Genüge getan ... [279] An
solch einer Stelle wird klar, daß Böll mit dem Begriff des *Sinnlosen* keineswegs den Begriff des Absurden, dem das Sinnleere oder Sinnfreie eignet,
erfüllt. Auch erreicht er nirgends in seiner Erzählwelt – wie *Ende einer*
Dienstfahrt stellenweise suggerieren möchte – die nihilistische Haltung,
die aus einer Weltsicht des Absurden hervorgehen könnte. Bölls Vorstellungen und Weltbild sind dazu zu stabil wertgeprägt. Was sich in dem
Begriff der *Sinnlosigkeit* ausspricht, ist dasselbe wie Bölls Einwand gegen
jene *Verrechtlichung aller Dinge* im römischen Staat [280], von der schon im

Grundriß, «Ende einer Dienstfahrt»

ersten Kapitel die Rede war. Es ist, wie uns der Dr. rer. pol. in *Die Kirche im Dorf* mitteilt, der Widerspruch nicht nur gegen Militär und *Bürgerliches Recht*, sondern der generelle und durchaus unvermittelte Widerspruch gegen jedes Reglement, welche Form dieses auch annehmen mag. Genährt durch die zeitgeschichtliche Erfahrung des Wirtschaftswunders liegt in Bölls *Sinnlosigkeit* der Widerspruch gegen Normen und Forderungen der Leistungsgesellschaft überhaupt.

So ist *Sinnlosigkeit* bei Böll nicht eine begründende Vorstellung, aus der Folgen erwachsen wie im Existentialismus Sartres und Camus' wie auch schon bei Nietzsche. Vielmehr ist *Sinnlosigkeit* eine Folgerung aus Beobachtungen und also eine resümierende Vorstellung. Böll spricht sich in dem Begriff als Reagierender, nicht als Agierender aus.

In seinem letzten Roman, *Fürsorgliche Belagerung*, 1979, zeigt sich das im Lebensrückblick der Hauptfigur besonders deutlich. Fritz Tolm, Vorstandsmitglied, jetzt Präsident eines Zeitungskonzerns, der nach der *Eigengesetzlichkeit*[281] kapitalistischer Akkumulation *wächst und wächst*[282], betrachtet seine ganze Lebensleistung als sinnentfremdet und wertlos. *Er fürchtete manchmal regelrecht eine totale Lähmung, wenn er da am Schreibtisch saß «im Zentrum der Macht» machtlos ...*[283] *... und nun hatte er nicht nur das eine, riesige, sinnlose Büro beim «Blättchen», hatte noch ein zweites, riesiges, sinnlos großes ...*[284] Es ist ganz spezifisch die kapitalistische Arbeitswelt, die nun von Böll mit dem Begriff des *Sinnlosen* belegt wird. Wenn in diesem Zusammenhang dann Tolms Gedanken an eigentliche Lebenswerte aufgezeichnet werden – *am liebsten hätte er den Rest seines Lebens damit verbracht, den Vogelflug zu beobachten, Tee zu trinken, Käthe ... zuzuhören, wenn sie auf ihre wunderbar dilettantische Art «voll», wie sie es nannte, Beethoven spielte*[285] – dann erkennen wir einen dem Alltag sehr unvermittelt gegenübergestellten Kulturbegriff, ein «System sehnsüchtiger Bezüge zu einem Deutschland entrückter Idealität», das, wie zurecht anhand von *Der Zug war pünktlich* festgestellt worden ist, noch aus den vergangenen «Jahren der Barbarei»[286] stammt. Im *Vermächtnis* resümiert der Funker Wenk, ein von *Angst* und anderen existentialistischen Vorstellungen heimgesuchter Mensch, diesen Kulturbegriff als *nur einen sehr vagen und windigen Traum einer gewissen Schönheit und Ordnung.*[287] Der Grundkanon von Bölls Ästhetik ist damit als harmonikal, ja als klassizistisch ausgesprochen. Die Benennung des *Sinnlosen* ist, diesem Befund entsprechend, nicht nur nicht die Feststellung des Absurden, sondern in ihr liegt Bölls Suche nach dem Sinnvollen. Welchen Konventionen er auf dieser Suche folgt, werden wir bis zu dem Roman *Fürsorgliche Belagerung* hin, in dem leitmotivisch *Chaos* und *Auflösung* für die bundesrepublikanische Gesellschaft diagnostiziert werden[288], zu fragen haben.

In den Jahren der Großen Koalition jedenfalls tritt Böll sogleich und konsequent als Dissident an die Öffentlichkeit. Nächst dem umfassenden Thema der *Sinnlosigkeit*, die ihm *in dieser Zeit* erfahrbar wird, ist es vielleicht ein erzählerisches Motiv, das eine ebenso weite Gesellschaftskritik einschließt, das des *Büffels*. Dies Motiv ist als allegorisches Zeichen aus dem Roman, der die Epoche der Großen Koalition im Werk Bölls sozusagen abschließt, aus *Billard um halbzehn*, 1959, bekannt geworden. Es dient dort in der Gegenüberstellung eines *Lämmer-* und des *Büffel-*Motivs zur schematischen Trennung guter und schlechter Menschen – etwa so, wie beim Jüngsten Gericht die Böcke von den Schafen geschieden werden. Die etwas bläßliche Allegorisierung der braven Lämmer taucht nur in jenem Roman (u. a. im Zitat des Psalms «Weide meine Lämmer») und in einer symbolbefrachteten Erzählung, *Im Tal der donnernden Hufe*, auf. Es ist in Bölls Werk kein tragendes Motiv. Für sich genommen hat aber das *Büffel-*Motiv eine eigene und komplexere Geschichte. Seine

Vorform ist zuerst – wie das Thema der *Sinnlosigkeit* – im Kurzroman *Das Vermächtnis* zu erkennen, und zwar im Bild der *Stiernackigkeit*, jedoch im vollen politisch-gesellschaftlichen Gehalt, den es bei Böll trägt. Es heißt über einen ehemaligen Nazi-Offizier, den bundesrepublikanischen Karrieristen und Dr. jur. Schnecke: *Er war etwas voller, eher jünger als älter geworden, mit jenen leichten Merkmalen beginnender Stiernackigkeit, die für eine gewisse Schicht deutscher besserer Leute unweigerlich eintritt, wenn sie zweiunddreißig sind und alt genug, in die Partei ihres Vaters einzutreten und dort aktiv mitzuwirken.*[289] Bölls Bindung an Traditionen bewährt sich hier im geschichtlichen Durchblick. *Die Deutschen*, so hat Böll später im Gespräch erläutert, *haben ihre Geschichte, ich will gar nicht sagen Schuld, sich nie klargemacht . . . Mit der Wiederaufrüstung kamen ja auch alte Nazi-Offiziere, da kamen die Industriellen wieder aus ihren Internierungsecken oder ihren stillen Ecken . . . Es gab ja ungeheuerliche Vorgänge. Ich glaube, General Clay oder ein anderer hat auf Anraten von Adenauer Leute, die des Kriegsverbrechens verurteilt waren, aus der Haft in Urlaub geschickt mit dem stillschweigenden Einverständnis, die brauchten nie mehr wiederzukommen.*[290] Die Memoiren Adenauers geben über solcherlei Ratschläge an die Hohen Kommissare bereitwillig Auskunft. Die *Sprache* dieser Memoiren, so meint Böll, *verrät fast alles, sie verrät die Manipulation, sie verrät die Tricks, die da angewendet wurden, und das haben wir dann später Restauration genannt . . .*[291] In diesem weiten Zusammenhang mußte Böll die *ganz mechanisch* durchgeführte *sogenannte Entnazifizierung* der Nachkriegsjahre als eine der *folgenreichsten Heucheleien der europäischen Geschichte* erscheinen.[292]

... *ernst wie ein Büffel, der seit Jahrzehnten nichts anderes gefressen hat als die Pflicht*[293], heißt es 1950, ein Jahr nach jener Passage über die *Stiernackigkeit* gewisser Karrieristen, von einem Polizisten, der den Untertanen ihr *trauriges Gesicht* verbietet, *gemäß der Parole des derzeitigen Staatschefs: Glück und Seife.*[294] Mehrfach tauchen seither Ordnungshüter als *büffelige* Typen in Bölls Romanen auf. In *Billard um halbzehn* sind die *Büffel* dann die terroristischen Nazis. Doch Böll – in dem ersten Versuch, über die Formen des *Kurzromans* und der auch thematisch schmalen ersten Romane hinauszugelangen und einen Epochenroman zu schreiben, noch schwankend in den darstellerischen Mitteln – hat die geschichtliche Konkretheit des *Büffel*-Motivs dann transzendiert durch die wiederholte Wendung vom *Sakrament des Büffels.* (Analog dazu wird das *Lamm* zum *Lamm Gottes* erhöht.[295]) Später hat Böll diese *Reduzierung* der gesellschaftlichen Thematik selbst mißbilligt.[296] Aber er hat mehrfach die Passage des Romans verteidigt, in der sozusagen die geschichtliche Quelle des *Büffel*-Motivs bloßgelegt wird, wenn *der uralte Büffel* genannt wird, der *Name des großen Büffels*, mit dem das Unheil der Epoche begann: *Hindenburg.*[297]* *Diese Zweiteilung in «Billard um halbzehn» basiert hauptsächlich auf meiner Vorstellung von Hindenburg und all den deutschnationalen Kriminellen, die ich für die eigentlich Verantwortlichen halte.*[299] *Deutsch-Nationale zusammen mit den Industriellen und Bankiers ... das waren für mich die Büffel.*[300] Sie *waren* es jedoch nicht nur, sie si n d es noch, wie Böll nach Ablauf der Adenauer-Ära feststellte, als der Öffentlichkeit bekannt geworden war, daß Ministerialdirektor Globke, seit 1953 Leiter des Bundeskanzleramtes, Kommentare zu den Nürnberger Rassegesetzen der Nazis geschrieben hatte, daß Hubert Blankenhorn, Adenauers rechte Hand, Mitarbeiter Ribbentrops, daß Theodor Oberländer, «Vertriebenen»-Minister seit 1953, Ostexperte der Nazis gewesen war. 1976 bemerkte Böll zu René Wintzen: *Ich glaube, die Büffel sind im Hintergrund ... Da sich die Demokratie so geordnet hat wie in der Bundesrepublik, muß man ein paar von ihnen nach vorn schieben ... Wenn Sie deren öffentliche Artikulation analysieren, finden Sie eine Primitivität im Ausdruck und in der Denkweise, die sich gegenüber der von 1932 nicht einen Millimeter verändert hat.*[301]

Daß dieses so begründete Ungenüge im Erlebnis *dieser Zeit* sich in Bölls Erzählwerk widerspiegelt, kann nicht erstaunen. Wir meinen dabei jetzt nicht nur die Thematik des Ungenüges selbst, aus der wir *Sinnlosigkeit*

---

* In den Schlußpartien bildet die Nennung eines anderen geschichtlichen Namens, des amerikanischen *Außenministers Dulles*[298] das Schlußsignal des historischen Rahmens.

und *Büffel*-Motiv angeführt hatten. Wir meinen vielmehr die Konzeption der größeren Romane, die die fünfziger Jahre beschließen, *Billard um halbzehn* und *Ansichten eines Clowns*, 1963.

Billard um halbzehn ist der erste Ansatz Bölls, seine Epoche in einem nach Personal und Zeitabfolge umfänglichen Roman darzustellen. Das Schicksal einer Familie in den Jahren 1907 bis 1958 wird durch das Medium des Bewußtseinsstroms mehrerer ihrer Mitglieder erzählt. Die Linien mehrerer Bewußtseinsströme laufen synchron, wie Böll das seit *Und sagte kein einziges Wort* erprobt hatte. Aber während dieser kleine Roman die eheliche Problematik eines Paares im Reflex ihrer Gedanken eines Tages höchst wirkungsvoll einfing – den Reflex der Epoche bringen dort zum erstenmal Werbeslogans kontrastreich herein –, genügt die angewandte Erzähltechnik in *Billard um halbzehn* nicht, den Epochengehalt, der in geschichtlich-gesellschaftlichen Episoden und Urteilen angestrebt wird, zu gestalten. Auch liegt – nächst jener Reduktion gesellschaftlicher Schichten, ja Parteien zu religiösen Allegorien – in der Reduktion der Erzählzeit auf einen Tag, den 6. September 1958, an dem das Familienoberhaupt – gefeiert von der bürgerlichen Umwelt, aber unversöhnt mit seiner Epoche – seinen 80. Geburtstag begeht (an diesem Tag war aber auch ein Sohn des Hauses im Krieg gefallen), ein formalistischer Zwang, der sich im Inhaltlichen wiederholt, wenn die Erinnerungen des Sohnes Robert gebündelt zu Abschnitten von jeweils sieben Jahren reproduziert werden. Wie das Personal auf eine einzige Familie samt deren

Mit Kardinal Frings, 1958

Freunden und Gegnern eingeengt ist, ist auch der Ort, das Billardzimmer eines Hotels, in dem meistens die Erinnerungen Roberts ablaufen, zu eng; schließlich ist die Gegenwartshandlung, das Billardspiel Roberts, eine preziöse Erfindung, mit der in viel zu offensichtlicher Absicht die Kugeln von Glück und Unglück allegorisch daherrollen sollen.

Dieses Gewollte, aber nicht das Gestaltete hat Böll bei *Ansichten eines Clowns* einzig und allein zur Verteidigung des Romans gegen dessen Kritiker anzuführen gewußt. Er hat die an einem Abend sich vollziehenden Erinnerungen und Reflexionen des von seiner Frau verlassenen Romanhelden – daß in ihm ein «Clown» dargestellt sein soll, ist schon gewollt und, wenn man von einigen äußerlichen Erwähnungen von Engagements absieht, nirgends in die Gestaltung der Erzählung eingegangen – durch die mythologische Deutung gerechtfertigt: *Es ist eigentlich die Geschichte von Theseus und Ariadne: Theseus im Labyrinth, Ariadne schneidet den Faden ab und da sitzt er. Und das Labyrinth, und das kann ich in dem Fall wirklich sagen, weil ich den Zusammenhang, den Kontext kenne, ist der politische deutsche Katholizismus.*[302] Noch im Vorwort zum Band *Hörspiele, Theaterstücke, Drehbücher, Gedichte I, 1952–1978* hat Böll diese Deutung energisch unterstrichen; sie bleibt jedoch so aufgesetzt wie die Allegorisierungen in manchen seiner Romane. Dem Gehalt der Kirchensatire ist durch sie nicht aufgeholfen, der Kritik an der Bundesrepublik mit dem *Rentnerklima* in Bonn[303], mit einem *konfessionellen Terror*, der Böll seither *das C der CDU / CSU ... ausdrücklich und nachdrücklich in Frage* stellen ließ[304], auch nicht. Was Böll in den *Ansichten* dieses *Clowns* ausspricht, ist eine umfassende Gereiztheit gegen alle bundesrepublikanischen – und in einer Episode, die in Erfurt spielt, auch gegen die DDR gewandt – gesellschaftlichen Institutionen. Diese Gereiztheit gipfelt in *Selbstmord*-Gedanken[305], womit das Clownische überschritten, die allgemeine Unverbindlichkeit dieser *Ansichten* aber desto deutlicher hervorgekehrt wird.

Gemessen an der konzeptionellen, thematischen und auch inhaltlichstofflichen Brüchigkeit der beiden umfangreichen Romane der Adenauer-Ära sind Bölls kürzere Romane aus den ersten Jahren der Bundesrepublik, also sein Beitrag zur *Trümmerliteratur*, von ungleich höherem künstlerischen Wert. Dieser Wert ist sehr früh erkannt und anerkannt worden. Seit Böll 1951 von der «Gruppe 47» für seine Erzählung *Die schwarzen Schafe* ausgezeichnet worden war, verging bis in die Mitte der fünfziger Jahre kein Jahr, in dem Böll nicht ein oder zwei Literaturpreise erhalten hätte. Nach *Ansichten eines Clowns* jedoch, in der Mitte der sechziger Jahre, ist ein Nachlassen der Produktivität sichtbar. Sie setzte erst mit der Niederschrift von *Gruppenbild mit Dame* wieder mit erneuerter Formkraft ein.

«Gruppenbild mit Dame» – Nobelpreis

Bölls bedeutendster Roman, *Gruppenbild mit Dame*, 1971, ist von ihm selbst als *eine Zusammenfassung und Weiterentwicklung früherer* Arbeiten[306] bezeichnet worden. Welche Faktoren können diese *Weiterentwicklung* befördert haben? Gewiß hat sich Böll – wie alle Westdeutschen – den internationalen literarischen Einflüssen, die seit den fünfziger Jahren in verstärktem Maße wirksam wurden, geöffnet. Der sogenannte «harte Realismus» der Amerikaner ist schon erwähnt worden. Heinrich und Annemarie Bölls Übersetzertätigkeit setzte damals ein. Über sie hat Böll in der großen Reflexion über das eigene Schaffen, die seine *Frankfurter Vorlesungen* von Mai/Juni 1964, Vorlesungen zur Poetik an der Johann Wolfgang Goethe-Universität zu Frankfurt am Main, darstellen, ausgesagt, ihm sei bewußt gewesen, *daß die deutsche Nachkriegsliteratur als Ganzes eine Literatur der Sprachfindung gewesen* sei, *ich wußte auch, warum ich oft lieber übersetzte als selbst schrieb: Etwas aus einer fremden ins Gelände der eigenen Sprache hinüberzubringen, ist eine Möglichkeit, Grund unter den Füßen zu finden.*[307]

Bölls und seiner Frau Übersetzungen umfassen im Englischen und Amerikanischen unter Erzählern einen so weiten Bereich des modernen Realismus, wie die Namen Kay Cicellis, Eilis Dillon, O. Henry, Paul Horgan, Bernard Malamud, Jerome D. Salinger und Patrick White (Australien) abstecken; von Dramatikern haben sie Brendan Behan, George Bernard Shaw und John M. Synge übersetzt. Eine besondere Verwandtschaft wird Böll dabei zu dem empfindsamen Außenseiter Salinger und zu dem streitsüchtigen *großen Spötter*[308] Shaw empfinden, dessen «FABIANISM», eine entfernte Art individuellen Sozialismus, ihm in dessen «The Revolutionist's Handbook» (deutsche Übersetzung von Annemarie und Heinrich Böll, 1972) entgegentreten mußte. Doch solche verwandtschaftlichen Empfindungen sind retrospektive Bestätigungen der eigenen Entwicklung. Sie haben Bölls Entwicklung nicht bestimmt.

Das gilt für alle Autoren, die Böll nach 1945 gelesen hat. Von ihnen nennt er Joyce, Faulkner und Hemingway, Sartre und Camus am nachdrücklichsten. Doch wenn Einflüsse gesondert werden sollen, stellt er neben die ausländischen Autoren die ihm vertrauten deutschen: so wenn

er die Tradition der neuen Form der *Kurzgeschichte* begründet und neben den Amerikanern *Kleist und Hebel*[309] als Muster nennt. Unter älteren Schriftstellern deutscher Sprache erscheint ihm jetzt Kafka als *der Größte*[310]; oder Böll bezeichnet sich als *einen alten Fontane-Verehrer*[311]. Stifter und Jean Paul werden in den *Frankfurter Vorlesungen* berufen. Sie alle helfen Böll, früher gewonnene Positionen zu bekräftigen. Das ist kein Wunder. Böll – soweit wir seine Werke kennen – tritt als Endzwanzigjähriger in die Literatur ein. Da ist die «Werther»-Zeit vorbei. Für Erzähler ist dies Alter als Produktionsbeginn durchaus natürlich. Aber die Prägung der Vorstellung, der Gedankenwelt, des Daseins- und Gesellschaftsverständnisses ist dann bereits abgeschlossen. Thematisch erweist sich Bölls *Gruppenbild mit Dame* als *Zusammenfassung*, formal als *Weiterentwicklung*.

Mit großer Sorgfalt und Kunst hat Böll die gesellschaftlichen Faktoren aus der Zeitgeschichte verflochten, die aus Vergangenheit und Gegenwart der Hauptfigur die Romanhandlung bedingen – und die alle schon in früheren Werken benutzt worden waren: Da ist der Abscheu der guten Charaktere vor der Arbeit, den ein Amputierter in der Erzählung *Mein teures Bein* von 1948 bereits ausgesprochen hatte, der von Böll in einer satirischen Geschichte, *Es wird etwas geschehen*, 1956, zur *Pflicht* des *Nichtstuns*[312] hochstilisiert und in der klassischen *Anekdote zur Senkung der Arbeitsmoral*, 1963, am nachdrücklichsten dargestellt wird. An der Gestalt des jungen Lev – aber auch an der Hauptfigur von *Gruppenbild mit Dame*, seiner Mutter Leni, und mehrerer ihrer Freunde – wird nun dieser Abscheu höherentwickelt zu einer Haltung der *Verweigerung* vor *jeglicher Erscheinungsform des Profitdenkens*[313]. Mit Lev und Leni wird das Grundmuster des bürgerlichen Romans seit «Robinson Crusoe», die success story, aber auch schon deren Gegenform, die Geschichte des Verfalls von Familien und Geschäften, die den bürgerlichen Roman seit der Mitte des Jahrhunderts beherrschte, umgekehrt zur zeitgemäßen Geschichte der Aussteiger. Der begabte, sensitive Lev ging *zum Friedhofsamt und dann zur Straßenreinigung*; gegenwärtig sitzt er im *Kittchen*.[314]

Diese Thematik ist eng gebunden an die Kritik der Entwicklung der Bundesrepublik seit 1949. Ein Kriegsgewinnler und *Immobilienbesitzer* bemerkt zuerst, *daß es gerade diese großen Altbauwohnungen sind, die relativ billig sind ... in denen sich jene Zellen bilden, die unserer auf Leistung basierenden Gesellschaft den Kampf ansagen.*[315] Wenig später signalisiert der Erzähler, es müsse *schon hier der Begriff der Leistungsverweigerung eingeführt werden (im folgenden Lvw. genannt).*[316] Und gegen Ende des Romans ist die glücklichste Fügung dadurch angedeutet, daß es von Leni heißt, sie sei *dem Ziel nahe*, den *sehnlichst erstrebten Zustand der totalen Lvw. erreicht zu haben*[317]. Seit Bölls erster prämierter Geschichte *Die schwarzen Schafe*, 1951, ist diese Thematik tragend in seinem Werk gewesen.

Während diese Kritik an westlichen Industriegesellschaften im allgemeinen geübt werden kann, ist Bölls Kritik an der Bundesrepublik wesentlich spezifischer. Sie ist eher angedeutet als ausgearbeitet. Als Andeutungen dienen – wie schon in *Billard um halbzehn* und *Ansichten eines Clowns* – die Nennung historischer und zeitgenössischer Namen und Ereignisse. In *Billard um halbzehn* war Hindenburg als Vater der *Büffel* und des deutschen Unheils genannt worden; jetzt wird *Brünings Sturz* [318] sozusagen als Beginn des deutschen historischen Falles genannt. Ein Kommunist, der sein parteiliches Engagement *bis 68* [319], bis zum Abbruch des «Prager Frühlings» unter sowjetischer Besatzung, aufrechterhalten hat, kommentiert die weltgeschichtliche Lage der dreißiger Jahre: *Das kann ja kein Mensch ermessen, wie uns zumute war während der eineinhalb Jahre, die der Hitler-Stalin-Pakt galt!* [320] Die Stalinschen «Säuberungen» der KPdSU 1935 bis 1938 werden mit dem Namen Sergej M. Kirows, eines engsten Mitarbeiters Stalins, angesprochen, dessen Ermordung durch Leonid Nikolajew jene «Säuberungen» einleitete. Nach diesen historischen Namen folgen Namen der deutschen politischen Gegenwart von 1956 bis 1970. Hier steht am Anfang jener restaurative Kölner Kirchenfürst, den die Öffentlichkeit der fünfziger Jahre zu *der alles beherrschenden Trinität* zählte, Joseph Kardinal Frings – immer neben Adenauer und dem «Rheinischen Merkur». [321] Sein Auftritt im Roman wird genau datiert, es ist der *10. Oktober 1956*, als der Kardinal *jenen ersten (und nicht letzten) Bundeswehrgottesdienst ... in der Gereonskirche zu Köln zelebrierte* [322]. Das ganze Syndrom klerikal-militaristischer Restauration, gegen das Bölls Werk und insbesondere sein Epochenroman *Gruppenbild mit Dame* sich richtet, ist damit und mit der Erwähnung eines *Rechtsrucks* in der Bundesrepublik um 1970 [323] genauer eingefangen als mit der noch folgenden Nennung der Namen *dieses Strauß* [324], *Adenauers* [325], mit der Anspielung auf Lenis negatives *Urteil über Barzel, Kiesinger, Strauß* [326] oder der beiläufigen Kritik einer Figur an den *Nannen oder Kindler* und deren *bürgerlicher Unterwerfungsscheiße* [327]. Lenis Hauptgegner, jener *Immobilienbesitzer* und Kriegsgewinnler, gibt zu den bundesrepublikanischen Entwicklungen in den Zeiten von Kaltem Krieg und Wirtschaftswunder mit Böllscher Pointierung die richtige Folie, wenn er auf die *Tage des großen Plünderns* zurückverweist und feststellen kann: *Nun, diese Verwechslung von Sozialismus und Demokratie hat ja zum Glück nicht lange gedauert.* [328]

Mit diesen politischen Signalen ist der Rahmen abgesteckt, in dem sich die Geschichte des Romans abwickelt. Es ist eine einfache Liebesgeschichte, sie wird nur kompliziert durch die Umstände; es ist die Geschichte der Liebe einer Deutschen zu einem russischen Kriegsgefangenen und der Folgen, die ihr diese Erfahrungen bis in die Gegenwart gebracht haben. In dieser Konstruktion hat Böll die Hauptproblematik, um die sein Werk kreist, bündeln können, die von Außenseitertum und Gesetzlichkeit, von gesellschaftlicher Deklassiertheit und Verweigerung und

der Bindung, die beides übergreift, der Liebe – seit *Und sagte kein einziges Wort* Bölls Hauptthema. Es erscheint in *Gruppenbild mit Dame* in mehrfacher Weise und Bedeutung. Es ist in Bölls Reflexionen seit langem gegenwärtig und stets an seine zeitgeschichtliche Erfahrung geknüpft. In den *Frankfurter Vorlesungen* gibt es eine Passage, die diese Verknüpfung deutlich ausspricht; sie scheint die erste Konzeption des *Gruppenbild* – an dem Böll einbekanntermaßen *sehr lange* gearbeitet, wenn auch nicht sehr lange geschrieben hat [329] – geradezu zu enthalten; sie ist außerdem interes-

1971

sant wegen des Rückverweises auf die Tradition des Renouveau catholique, auf Charles Péguy. Die Passage lautet: *Ich sagte schon: ich halte das westliche Überlegenheitsgefühl gegenüber dem Osten für eine gefährliche Täuschung, für selbstmörderisch halte ich die generelle Verspottung dessen, was man östliche Prüderie zu nennen beliebt. Ich sehe das Zeichen einer heillosen Verkehrung und Verkehrtheit nicht darin, daß es etwa im Osten Keuschheit gibt und im Westen Promiskuität, sondern in der Tatsache, daß sich diese westliche Welt noch als christlich deklariert ... Das bringt natürlich jeden Autor, der für Religion und Liebe Ausdruck, Stil und Form sucht, in eine verkehrte Situation und macht jeden Familienvater, wie Charles Péguy vorausgesagt hat, zu einem Abenteurer; der erotische Abenteurer, Nachfahre Casanovas, kann angesichts solcher Abenteuerlichkeit nur zum Langweiler werden. Keine äußere Entfernung mehr von der Geliebten, das läßt sich alles so leicht arrangieren – kein Alibi mehr, denn es herrscht ja Einverständnis – keine innere Entfernung mehr, es gibt ja nicht Ehebruch, Sünde, Eifersucht – in solcher Gesellschaft ist die Liebe ästhetisch nicht mehr vorhanden, weil sie keine Form, keinen Widerstand mehr findet.*[330] In *Gruppenbild* ist eben dieser *ästhetische Widerstand* im Stoff durch die Kompliziertheit der Umstände gegeben.

Besonders aber auch hat Böll die *Form* des Romans um dieses *ästhetischen Widerstands* willen kompliziert. Während er früher die Erzählperspektive in einzelne und verschiedene Figuren seiner Werke legte, hat Böll diesmal die Perspektive einem Narrator, dem Autor selbst, vorbehalten. Wenn die Kritik hier vom «allwissenden Erzähler» spricht, den Böll eingesetzt habe, so ist das auf simplifizierende Weise falsch; der richtige Terminus technicus wäre «auktoriales Erzählen». Denn der Erzähler, *der Verf.*, betont mehrfach, wo seine Recherchen im Ermitteln von Lenis Geschichte endeten, betont also die Beengtheit seiner Perspektive. Das ist sowohl ein Mittel der Ironie, die Heimlichkeit dieser politisch verbotenen Liebesgeschichte durch ihre Gefährlichkeit ständig zu vergegenwärtigen, als auch ein Mittel des Realismus, die Glaubwürdigkeit der Erzählung sozusagen zu dokumentieren. Die gebrochene Perspektive ist das kunstvollste Erzählmittel des Romans.

In dieser Perspektive des *Verf.* sind die beiden Stränge der Romanhandlung verbunden: die Recherche der Vergangenheit und die gegenwärtige Handlung. Endlich mischt sich der *Verf.* gegen Ende des Ganzen selbst unter das Personal der Handlung – ein romantischer Trick, die Illusion des echt Erlebten, die Progression der Poesie ins Leben hinein noch einmal zu steigern. Der *Verf.* verliebt sich in eine Nonne, die ihren Orden verlassen hat. Ihr einst geistige Liebe wird immer körperlicher. Das ist eine Entwicklung, gegenläufig zu derjenigen Lenis, die der körperlichen Liebe mehr und mehr entsagt hat. Doch auch Leni trägt zu den *massenhaften Happy-Ends*[331] bei, indem sie zum Schluß mit dem verheirateten Gastarbeiter Mehmet eine *Lebensgemeinschaft*[332] eingeht. Damit ist nach Lenis Liebesgeschichte mit Boris die das Nationale transzendierende Liebesthematik gedoppelt. Natürlich hat Böll seiner *Dame* einen Russen und einen Türken als Liebhaber beigesellt, um den Widerspruch gewisser Leserschichten in der Bundesrepublik noch über die politisch-polemischen Punkte des Romans hinaus im Emotionalen zu steigern. Auch diese Perspektive wird im Roman mitbedacht, wenn gleich eingangs erwähnt wird, daß gegenwärtig, da sie Mehmet erhören wird, *Beschimpfungen* wieder auftauchen, *deren Anlaß fast dreißig Jahre zurückliegt: Kommunistenhu-*

re, Russenliebchen[333]; *... es wird sogar hinter ihr hergerufen: «Ab mit dir»,*
oder «Weg mit dir», und es ist nachgewiesen, daß man hin und wieder nach
Vergasung verlangt, der Wunsch danach ist verbürgt ...[334]

Einen geschürzten Plot, eine eigentliche Story gibt es in diesem Roman
nicht, sein Stoff ist ganz in die Erzählform der Recherche genommen. Es
gab Kritiker, die nicht erkannten, daß die Erzählperspektive des *Verf.* die
genaueste Anordnung des Stoffes leistete, nämlich durch Rückblenden
aus der Gegenwart eine möglichst lückenlose Entwicklung der Hauptcha-
raktere einschließlich ihrer Erziehung und Lektüre, aufzuzeichnen. Darin sprechen sich traditionelle Elemente des spezifisch deutschen Bil-
dungsromans aus. Und wenn es im Hinblick auf Levs Entwicklung einmal
heißt, daß *ihm schon früh angesichts der Hilflosigkeit und Verletzlichkeit*
seiner Mutter bewußt geworden sei, *daß er letzten Endes doch «der Mann*
im Haus» würde werden müssen[335], dann sind die Traditionen bürgerlicher Zielvorstellungen genau genug ausgesprochen.

Dem widerspricht nicht, daß auf der Ebene der Gegenwartshandlung
Aktionen vom Charakter eines *liebenswürdigen Anarchismus*[336] stattfinden: Leni, der das ererbte Haus von jenem *Immobilienbesitzer* Ende 1944
für wertloses Papiergeld abgekauft worden war und die nun der Exmittie-
rung entgegensieht, tritt ein kleines Hilfskomitee zur Seite, das Geld für
sie sammelt; Lev hat zu Lenis Gunsten einen Scheck gefälscht, und endlich organisiert ein Freund Levs eine Blockade von Lenis Haus durch
Wagen der städtischen Müllabfuhr. Die Aktionen tragen außenseite-
risch-individuellen, ja romantischen Charakter; sie haben mit poli-
tischem Anarchismus nichts gemein.

Die gehaltreichsten Intentionen in diesem Roman weisen auch in eine
ganz andere Richtung: der Liebe einen religiösen, einen heilsgeschichtli-
chen Sinn zu geben. Gewisse Einzelmomente zwischen Boris und Leni –
wenn sie ihm Kaffee reicht, ihm die Hand auflegt, bei Fliegerangriffen mit
ihm in einer Gruft (Katakomben) haust – evozieren die «Sinngebung der
Eucharistie» (Arpád Bernáth). Im Bericht des *Verf.* aber ist nicht nur die
durchgehende Säkularisierung des Heiligen und gleichzeitig Sakralisie-
rung des Profanen und nicht nur die Erzählung einer modernen Heiligenle-
gende, sondern geradezu das Protokoll des Advocatus Dei in einem Selig-
sprechungsprozeß erkannt worden (Theodore Ziolkowski).* Die Erfahrung einer *Liebe ohne Begehren* (*Der Zug war pünktlich*)[337], einer *ewigen*
Liebe (*Wo warst du, Adam?*)[338], einer geistigen Liebe ist gesteigert zur
religiösen Erfahrung der himmlischen Liebe. Klementina, die ehemalige
Nonne, spricht dieses Transzendieren der Liebesthematik in die Heilsge-
schichte, deren Träger Leni ist, am Ende deutlich aus: «*Eines Tages wird sie*
alle diese Männer trösten, die durch sie leiden, sie wird sie alle heilen.»[339]

---

* Siehe die Beiträge von Bernáth und Ziolkowski in: Die subversive Madonna.
Hg. von Renate Matthaei. Köln 1975. (pocket. 59)

Moskau, auf dem Roten Platz

Eine solche Frauenfigur habe ihn *in allen Romanen schon* sehr *beschäftigt*[340], hat Böll über Leni gesagt. Tatsächlich ähnelt sie unter anderen der reuelosen Nella in *Haus ohne Hüter* und besonders auch der Katharina in *Im Tal der donnernden Hufe*, dem *Mädchen, das getan hatte, was man nicht tut*[341] – die sich beide bei ihren sexuellen Beziehungen eine Keuschheit des Gedankens bewahren. Katharina ist überdies die Tochter eines Russen und durch die *fremden Vokabeln ... in der Legende* vom Leben ihrer Mutter: *Moskau – Kommunismus – rote Nonne, ein Russe*[342], ihrer Umwelt entfremdet. Stets dient das Böll so wichtige Russenmotiv der Darstellung einer Entfremdung. Damit sind wir bei der Soziologie von Leni. Und hier ist es nun höchst interessant, zu bemerken, daß bei allem sonst waltenden stichhaltigen, plausiblen Beziehungsreichtum der Motive in *Gruppenbild mit Dame* in diesem Punkt eine eigentümliche Unsicherheit herrscht, die wir mit Bölls unscharfem Blick auf die eigene Sozialisation in Verbindung bringen. Leni ist eine *Dame*; ihr Vater, Maurer und Bauingenieur, wirkt nach Meinung des *Verf.* sowohl *proletarisch* als auch *wie ein Herr.*[343] Zwischen diesen Polen schwankt auch Lenis Erscheinungsbild. Ihre *direkte, proletarische, fast geniale Sinnlichkeit*[344] wird häufig berufen, aber ebenso ihre *religiöse Begabung*, vielleicht zu einer *großen Mystikerin.* [345] Sie ist außerdem *ziemlich verwöhnt* und hat sich als Kranzbinderin, *mit einem Wochenlohn von höchstens fünfzig Mark, ihr altes Dienstmädchen auch während des Krieges gehalten.*[346] Sie liest Trakl und Hölderlin, Kafka und Brecht. Sie ist *so stolz wie Prinzessinnen nur im Märchen sind*[347]. Auch ihr Boris wird einmal als *der Prinz im Märchen*[348]

bezeichnet. Damit tritt auch auf dieser Linie ein Transzendieren des Rea-
listisch-Soziologischen ein, das als soziale Utopie sich in Bölls heiler
Kindheit zuerst gebildet hatte. Von Heinz Ludwig Arnold befragt, welche
Vorstellungen er von einer Gesellschaft habe, deren Exponenten Figuren
wie Leni und Lev seien, hat Böll geantwortet: *Eine profitlose und klassenlose Gesellschaft.* Das Unvermittelte dieses Wunsches unter den gegebenen Verhältnissen wohl bedenkend, hat Böll dann hinzugefügt, daß er
sich eine solche Gesellschaft *etwas leichtherzig gemischt, nicht so starr
ideologisch* denke.[349]

Nehmen wir noch hinzu, daß so viele andere Themen und Motive im
Roman die gleiche über sich selbst hinausweisende Tendenz haben – wie das
Rosenwunder einer jüdischen Nonne (ihr historisches Vorbild könnte Edith
Stein, als Kölner Karmeliterin Teresia Benedicta a Cruce, sein, die sich bis zu
ihrer Deportierung in die Vernichtungslager des Ostens vor den Nazis in
Holland verbarg), wie die Juxtaposition Rom / Nifelheim als die Pole des
Handlungsraumes im Roman –, dann sehen wir *Gruppenbild mit Dame* in
der großen Tradition des bedeutungs- und gehaltvollen Epochenromans
stehen. In ihm sind Konkretion in der Darstellung und deutender Verweis in
die Balance gebracht, das Bildliche durch das Sinnbildliche erhöht.

Wie nimmt sich diese Grundstruktur in Bölls Ästhetik oder Literaturtheorie aus? Beide Begriffe sind hier hypothetisch verwandt, da Böll bei

Verleihung des Nobelpreises durch Carl Gustaf von Schweden, 10. Dezember 1972

Beim Nobeldiner

aller Belesenheit ein theoretisch-systematisches Interesse nicht entwikkelt hat. Namen wie Adorno-Benjamin-Habermas tauchen bei Böll kaum einmal auf. Gegen bundesrepublikanische Theoretiker in deren Gefolge – *eine Art Elite ... die ihre eigene Sprache spricht* – hat Böll im Furor geäußert: *Sie sind so elitär und eingebildet, daß sie sich schämen, wenn sie verstanden werden. Das gibt es.*[350] Bölls Ablehnung der Literaturtheorie ist pauschal: *Dieses ganze Gerede: Form, Inhalt, Littérature engagé, nicht engagé oder pure, halte ich für kompletten Unsinn.*[351] Ja, er hält *diese ganzen Auseinandersetzungen über Formalismus, Realismus im Grunde für überflüssig* [352]. Bölls Ablehnung gewisser Theorien ist außerdem spezifisch: wenn er auf der einen Seite von der *Barbarei des sozialistischen Realismus* [353] spricht und auf der anderen Seite gegen die jüngere Mode sogenannter «Rezeptionsästhetiken» kategorisch einwendet: *das Publikum interessiert mich gar nicht. Es kann mich auch gar nicht beeinflussen.* [354] Der Grund von Bölls Ablehnung liegt im steten Ideologieverdacht, in der *Gesinnungsschnüffelei* [355], die sub aestheticis betrieben wurde und wird.

Diesem allen gegenüber hat Böll einen ganz auf die klassisch-idealistische Ästhetik gegründeten Literaturbegriff, der in der Form und dem Gehalt des literarischen Werks, nicht in seinem Stoff und Inhalt, die eigentliche Erscheinungsweise des Kunstwerks sieht. *Ich brauche nicht viel sogenannte Wirklichkeit* [356], ist Böll nie müde geworden zu beteuern. *Der Inhalt einer Prosa ist doch ihre Voraussetzung, ist geschenkt* [357]; und: *Alles das, was die Weltgeschichte an Klamotten einem vor die Füße wirft, Krieg, Frieden, Nazis, Kommunisten, Bürgerliche, ist eigentlich sekundär. Das, was zählt, ist eine durchgehende, ich möchte fast sagen, mythologisch-theologische Problematik, die immer präsent ist.* (Hier haben Arpád Bernáths und Theodore Ziolkowskis Deutungen von *Gruppenbild* auf Böll zurückgewirkt.) [358]

Das primäre Material des Autors sei *die Sprache.* Es ist eine idealistische Operation, mit der Böll Wirklichkeit und Sprache voneinander trennt und *der Sprache . . . ihre eigenen Gesetze, ihre eigene Moral* [359] zuschreibt. Mit ihr schafft der Autor *Wirklichkeit.* [360] Diese *Wirklichkeit* bestehe – wie Böll immer wieder versichert – *nicht im realistischen Sinne . . . sondern in der Formation der Sprache.* [361] Sehr wichtig sei *der Stoff,* das *Material* nicht für ihn; *denn dieses Material kommt überhaupt erst zum Vorschein durch die Form und die interessiert mich mindestens so sehr wie der Stoff.* [362] Das ist klassizistische Schulästhetik kantisch-dualistischer Provenienz, die durch Generationen auswendig gelernt wurde: «Nicht der Masse qualvoll abgerungen, / Schlank und leicht, wie aus dem Nichts gesprungen, / Steht das Bild vor dem entzückten Blick.» (Schiller, «Das Ideal und das Leben») Große realistische Erzählwerke wie die von Fontane und Thomas Mann sind dieser Schulästhetik zum Trotz entstanden. Und die Urkunde, die Bölls Weltruhm als Erzähler ein Jahr nach dem Erscheinen von *Gruppenbild mit Dame* bestätigte, begründet die Auszeichnung ausdrücklich mit Bölls Gestaltungskraft ebensowohl wie mit seinem zeithistorischen Sinn.

In der Laudatio, die der Überreichung der Urkunde am 10. Dezember 1972 vorausging, variierte Karl Ragna Gierow, ständiger Sekretär der Schwedischen Akademie zu Stockholm, diese Begründung. Dann nahm Böll aus der Hand des schwedischen Kronprinzen Carl Gustav Urkunde und Medaille des 68. Nobelpreises Literatur entgegen.

Hetz- und Wahlkampagnen

Mitte der 50er Jahre bin ich nach Irland geflohen. Ja, es war eine Flucht ...[363], die Auskunft gehört zu den autobiographischen Mitteilungen Bölls aus jüngerer Zeit. In Irland selbst hat er damals ausgerufen: *oh, diese Hetze zu Hause!* (*Irisches Tagebuch*, 1954–57)[364] Die Anfeindungen, die Böll erfahren hat, gehören nicht erst dem letzten Jahrzehnt an. Sie sind in diesem Jahrzehnt lediglich durch einen gewissen Medienkonzern lüsternen Lesern angedient worden – natürlich in der verkürzten Weise, in der diese Medien Themen zu behandeln pflegen, die ihre Kompetenz übersteigen.

Es hatte zu Weihnachten 1953 begonnen. Der Nordwestdeutsche Rundfunk hatte Bölls satirische Erzählung *Nicht nur zur Weihnachtszeit* gesendet und in der Ansage deutlich zu verstehen gegeben, daß mit dieser Geschichte von Tante Milla, die jahraus, jahrein nur noch unterm Christbaum und mit Weihnachtsgebäck zu leben gewillt ist, der «Falschmünzcharakter einer restaurativen Epoche»[365] angeprangert werden sollte. Der Leiter der kirchlichen Rundfunkzentrale zu Bethel, Hans Werner von Meyenn, nahm sich die Sache anders zu Herzen und machte Böll in einem offenen Brief dieselben Vorwürfe, die fünfzig Jahre zuvor von einem katholischen Kulturkritiker Thomas Mann mit den Worten vom «kalten Künstler» (Carl Muth) gemacht worden waren: Bölls «beißende Zeitsatire» wurde als «lieblos, unbarmherzig, unmenschlich»[366], als «eine Kritik ohne Verantwortung» verrufen und der Rundfunk einer «leider immer mehr überhand nehmenden Flucht in den abstrakten Intellekt»[367] geziehen. Böll verteidigte sich kurz und bündig; es ginge ihm *nicht darum, die christliche Weihnachtsbotschaft zu diffamieren, ganz im Gegenteil: Es ging mir um den unerträglichen äußeren Betrieb, der darum gemacht wird, der jedem menschlichen Gefühl widerspricht und der um des Geschäftes willen gemacht wird. Mit dem deutschen Gemüt* – das der Leiter der kirchlichen Rundfunkzentrale vorgab, schützen zu wollen – *läßt sich ein großartiges Geschäft machen ....* Böll berief sich zu diesem Punkt auf das Wort des großen Christen Chesterton: «Reklame ist die Bettelei der Reichen.» Und er berief sich zum Thema «deutsches Gemüt» auf die *Verwandtschaft der Sentimentalität und Brutalität* und auf einen kinder- und tierliebenden, pflichtbewußten KZ-Aufseher, den sein Gemüt am Morden nicht hinderte. Angesichts der *teilweise widerwärtigen Prosperität* in der Bundesrepublik[368] glaube er nicht, *daß es etwas schaden kann, unserem westdeutschen restaurativen Selbstbewußtsein einen Schock zu versetzen.*[369] Damit waren Fronten aufgerissen. Der Außenseiter war zum Opponenten geworden. Er war in diese Rolle geradezu gedrängt worden, wie die Hauptfigur einer zwanzig Jahre später geschriebenen Geschichte, *Katharina Blum*.

In jenem Jahr 1953 teilte Alfred Döblin Theodor Heuss mit, daß seine «Rückkehr nach Deutschland ... keine Rückkehr» geworden sei, sondern nur «ein etwas verlängerter Besuch»: er «kenne den politischen Wind, der da weht», wolle aber nicht polemisieren, er gehe nach Frankreich zurück. Zu Hans Henny Jahnn äußerte er sich unverhohlener: «gewaltiger» als alle Schriftsteller «ist eben die braune Pest, die heute anders auftritt als unter Adolf»[370]. Aber auch in den schwerer faßlichen, das Politische übergreifenden kulturell-gesellschaftlichen Bereichen wurde von wachen Beobachtern seit dem Ende der vierziger Jahre ein Unbehagen, ein Ungenüge notiert, das sich erst anderthalb Jahrzehnte später in mancherlei oppositionellen Foren organisierte die jenes Ungenüge dann auch erst artikulierten. Im Januar 1949 – also vor der doppelten Staatengründung – notierte Brecht im Hinblick auf kulturpolitische Vorgänge in Berlin: «Zum ersten Mal fühle ich den stinkenden Atem der Provinz hier.»[371]

Bölls Haus in Dugort, Irland

Mit Günter Grass bei Wählerinitiativen, 1975

Hermann Kasack, gewiß kein Aufsässiger, bemerkte im Januar 1951 in der Nachkriegsliteratur «die rückläufige Tendenz, die provinzielle Note»[372]. Und Adorno stellte fest: «Der Umgang mit Kultur im Nachkriegsdeutschland hat etwas von dem gefährlichen und zweideutigen Trost der Geborgenheit im Provinziellen.»[373]

Der Begriff der «Provinz», des «Provinziellen» ist hier im uneigentlichen Sinn, umgangssprachlich verwendet, da es in Deutschland damals eine Regierungshauptstadt nicht gab, an deren kulturellem Standard Provinzlerisches hätte gemessen werden können. Woran also wird hier gemessen? Urteilten die Beobachter von einer internationalen Position aus? Man kann sich aber die Borniertheit, die gerade in sozialistischen und kapitalistischen Kunstanschauungen in Ost und West der vierziger und fünfziger Jahre herrschte, nicht verhehlen. Der Maßstab, an dem Kunst und Kultur hier bemessen und in Deutschland als «provinziell» empfunden werden, ist der der politischen Theorie, auch der Ideologie. Die Geschichtsschreibung weist immer eindeutiger die Einheit der Adenauer-Ära mit der Restauration um 1930 nach. Damals war zum Zwecke der literarischen Zensur ein sogenanntes «Schmutz- und Schundgesetz» eingeführt worden. Jetzt, zwischen den Fronten des Kalten Krieges, mußte in Deutschland – immer bedingt durch seine Abhängigkeit von den Blöcken der Siegermächte – im Umgang mit Kunst und Literatur eine Ängstlichkeit, ein beengter Doktrinarismus herrschend werden, der all seine Postulate in etwas so Verinnerlichtes wie «das deutsche Gemüt»

Mit Arthur Miller, 1972

Mit Alexander Solschenizyn, 1974

legen konnte. Brecht, der sich nicht nur mit Gemütsfragen befaßte, konnte von einem CDU-Minister damals öffentlich mit Horst Wessel verglichen werden. Hier liegen die Wurzeln davon, daß Böll 1972 von der «Bild»-Zeitung gleichzeitig mit dem nationalsozialistischen Propagandaminister Joseph Goebbels und dem SED-Mitglied und Kommentator des Deutschlandsenders und des Fernsehens der DDR, Karl-Eduard von Schnitzler, verglichen werden konnte. Damit war eine Hetzkampagne begonnen, die kein anderes Ziel hatte, als den Opponenten gewisser bundesrepublikanischer Entwicklungen mundtot zu machen. Dank seiner Prominenz hat Böll die Kampagne heil überlebt.

Diese Prominenz hatte Böll seit den fünfziger Jahren gewonnen. Der Nobelpreis bestätigte sein internationales Ansehen nur. Böll hat seine Prominenz oft bewußt eingesetzt: Sein Eintreten für die revoltierenden Studenten, für die Kräfte der Außerparlamentarischen Opposition (ApO), im Vietnam-Krieg sein Protest gegen die *brutale Kriegspolitik* Richard Millhouse Nixons[374], seine Gratulation mit Blumen für die Antifaschistin Beate Klarsfeld, als diese auf einem Berliner Parteitag der CDU dem ehemaligen NSDAP-Mitglied und dermaligen Bundeskanzler Kurt Kiesinger eine Ohrfeige gegeben hatte (1968), seine Forderung besserer Honorierung der freien Schriftsteller (*Ende der Bescheidenheit*; 1960, bei der Gründungsversammlung des Verbandes deutscher Schriftsteller vorgetragen), seine Unterstützung von Bürgerinitiativen, Selbsthilfegruppen, amnesty international, seine Parteinahme für tschechoslowakische Demokraten, sein Engagement als Präsident des PEN-Bundesrepublik Deutschland (1970–72), dann als Präsident des Internationalen PEN-Clubs (1971–74), die Hilfe, die er den sowjetrussischen Dissidenten gab, der Ausgleich, den er für westdeutsche Terroristen suchte, die verlegerische Beteiligung (mit Sartre u. a.) an der Neuauflage des beschlagnahmten, unterdrückten Buches «Wie alles anfing» von Michael «Bommi» Baumann, die Polemik gegen ein Gerichtsurteil, das nach einer Kölner Schlägerei zwischen KPD- und NPD-Mitgliedern ausschließlich die KPD-Mitglieder mit Freiheitsstrafen belegte, die NPD-Leute aber frei ausgehen ließ, all das waren Aktionen, die durch Bölls Namen Gewicht erhielten. Die bedeutendste dieser öffentlichen Aktionen war Bölls Eintreten für die SPD und insbesondere für die Kandidatur Willy Brandts zum Bundeskanzler (1969). Während in allen anderen Fällen seiner Parteinahme der Außenseiter für Oppositionelle optierte, sollte sich Bölls Engagement für die SPD zum erstenmal als ein großer Identifikationsversuch – obzwar ohne Parteimitgliedschaft – erweisen.

Noch kurz vor den Wahlen im September 1969, als SPD und FDP zum erstenmal die Mehrheit gewannen, hatte Böll den deutschen Obrigkeitsstaat, wie ihn Heinrich Mann im «Untertan» dargestellt hatte, in der Gegenwart wiedergefunden. Auf eine Umfrage zur Geltung Heinrich Manns, die Hans Bender für die literarische Zeitschrift «Akzente» veran-

In Langenbroich, Eiffel, als Gastgeber Solschenizyns

Mit Willy Brandt

staltet hatte, antwortete Böll: *Es bedarf nur weniger Veränderungen, um aus diesem scheinbar historischen Roman einen aktuellen zu machen: den Mißbrauch alles «Nationalen», des «Kirchlichen», der Schein-Ideale für eine handfest-irdisch-materielle bürgerliche Interessengemeinschaft, der alles Humanitäre, sozialer Fortschritt, Befreiung jeglicher Art verdächtig ist, deren Moral heuchlerisch ist, die kritiklos untertan ist . . .: fünfzig Jahre nach seinem Erscheinen erkenne ich immer noch das Zwangsmodell einer untertänigen Gesellschaft.*[375] Wie konnte es anders sein? In der Geschichte des Deutschen Reiches, das 1871 mit der Parole gegen die Demokraten von 1848 «Einheit vor Freiheit» gegründet worden war, sind die Strukturen des Obrigkeitsstaates nur einmal ein halbes Dutzend Jahre, 1923 bis 1929, unterbrochen gewesen. Historisch zählt das nicht. Beide deutschen Staaten leiden an diesem Manko demokratischer Traditionen, aus dem die *Büffel*, die Streber, Profitmacher und Leistungsverherrlicher ihre Kraft beziehen. Die Kleine Koalition von SPD und FDP vom Herbst 1969 übte mit Willy Brandts Reformpolitik, mit dem Bundespräsidenten Gustav Heinemann, nach den Jahren der Großen Koalition von CDU/CSU und SPD auf Liberale, Linke und die Mitte des politischen Plenums eine Anziehung aus. So auch auf Böll. Wenn er 1964 in seinen *Frankfurter Vorlesungen* noch erklärt hatte: *Die merkwürdige Pflicht, über das Steuerzahlen hinaus Staatsbürger zu sein, kann einer wohl nicht mehr lernen, der zwischen seinem sechzehnten und seinem achtundzwanzigsten Jahr in ei-*

Mit dem Bundespräsidenten Gustav Heinemann und dessen Frau

Mit Rut Brandt

nem Staat gelebt hat, dem er täglich den Untergang gewünscht hat ...[376], so änderte Böll jetzt seine Haltung. Er sah die Chance, *das Zwangsmodell einer untertänigen Gesellschaft* zu verändern. Adenauer, dem Böll durchaus *eine große Periode* zubilligt – *er war für die Bundesrepublik unersetzlich –*, hätte *spätestens 1959 zurücktreten müssen.*[377] Seit der Mitte der sechziger Jahre hat Böll diesem Kanzler insbesondere angelastet, daß durch ihn *die Identifizierung von Christentum, Katholizismus und CDU bis zum Schwachsinn betrieben* worden sei[378]; *die Reduzierung des Christlichen auf die Verteidigung des Privatbesitzes und einiger Privilegien erscheint mir bis heute tödlich*[379]. Dies war die Folie, vor der Böll die Erneuerung eines politischen und gesellschaftlichen Kurswechsels herbeiwünschte und nach den Regierungen Erhard und Kiesinger der sozialliberalen Koalition der Regierung Willy Brandt Bestand wünschte. Brandt *ist der erste deutsche Kanzler, der aus der Herrenvolktradition herausführt*[380], und: Brandt versuche, *die Jusos ... als bewegende Kraft zu definieren*[381], mit diesen Punkten hat Böll seine Parteinahme begründet. Innenpolitisch hat er unter Brandt den *Übergang von einer Unternehmer- zu einer Arbeitnehmer-, von einer von Vorurteilen bestimmten zu einer aufgeklärten Gesellschaft* sich vollziehen sehen und daher *im Namen der Sozialdemokratischen Wählerinitiative* für Brandts Wiederwahl 1972 geworben.[382] Außenpolitisch sah Böll in Brandts Ostpolitik, für die der Kanzler 1971 mit dem Friedensnobelpreis ausgezeichnet worden war, die *Bereinigung der Reste von 45 in Europa*[383]. Auch nach dem Rücktritt Brandts, als Böll dann eine Drift *Ab nach rechts* diagnostizierte, hat er ironisch-pragmatisch geraten: *Wäre ich ein deutscher Großindustrieller, ich würde die sozialliberale Regierungskoalition stützen und unterstützen. Die politisch so verteufelten Ostverträge waren ja unter anderem das Schleppnetz fürs große Geschäft.*[384] Insgesamt, unter geschichtlicher Optik, hat Böll daran festgehalten: *der Sieg von Willy Brandt, die sozial-liberale Koalition, war für Deutschland, für die Deutschen, eine Sensation, ein geschichtlicher Sprung ...*[385]

In dieser Einsicht haben ihn auch die mörderischen Hetzkampagnen des Springer-Medienkonzerns, der «Bild»-Zeitung, der «Welt» und der Sonntagsausgabe beider Blätter, nicht wankend gemacht. Der Vorgang – der Folgen bis in die Gegenwart hat – ist kurzgefaßt dieser: Am 23. Dezember 1971 hatte «Bild» zu einem Bericht über einen Bankraub in Kaiserslautern die Schlagzeile gebracht: «Baader-Meinhof-Bande mordet weiter» – obwohl eine Beteiligung von Ulrike Meinhof, Andreas Baader, Gudrun Ensslin, Holger Meins oder Jan Carl Raspe nicht erwiesen war. Böll nahm diese Meldung zum Anlaß, am 10. Januar 1972 im «Spiegel» in dem Artikel *Will Ulrike Meinhof Gnade oder freies Geleit?* diese *Form der Demagogie* anzuprangern, in ihr *eine Aufforderung zur Lynchjustiz, ja nackten Faschismus, Verhetzung, Lüge, Dreck* zu erkennen. Er warnte: *Die Bezeichnung Rechtsstaat wird fragwürdig, wenn man die gesamte*

Öffentlichkeit mit ihren zumindest unkontrollierbaren Instinkten in die Exekutive einbezieht ... Er griff das Springer-Blatt an: *Ich kann nicht begreifen, daß irgendein Politiker einem solchen Blatt noch ein Interview gibt.*[386] Er sprach die Befürchtung aus: *Ulrike Meinhof muß damit rechnen, sich einer totalen Gnadenlosigkeit ausgeliefert zu sehen* – während ehemalige Nazi-Mörder begnadigt oder *Kriegsverbrecher, rechtmäßig verurteilt*, heimlich entlassen worden seien.[387] «Bild» konterte am 11. Januar 1972, indem es Böll mit jenen Nazi- und SED-Chefideologen verglich. «Die Welt» setzte nach am 15. Januar mit einer Umfrage bei dem Ministerpräsidenten von Baden-Württemberg, Hans Filbinger, dem Justizminister von Hessen, den Innenministern von Bayern, von Nordrhein-Westfalen, von Schleswig-Holstein und dem Vorsitzenden des Arbeitskreises «Allgemeine und Rechtsfragen» der CDU/CSU-Bundestagsfraktion, die Böll ihre Mißbilligung aussprachen. Am folgenden Tag forderte die «Welt am Sonntag»: «Treten Sie ab, Herr Böll!», nämlich als Präsident des internationalen PEN-Clubs.

Diese massive Kampagne* fiel in den Monat, in dem Willy Brandt den später bereuten Fehler beging, als Bundeskanzler den Extremistenbeschluß, den «Radikalenerlaß» der Regierungschefs der Bundesländer, zu beschließen, ein Akt, den Böll als *Schwächeanfall der Regierung Brandt* bezeichnet hat.[388]

Am 1. Juni 1972, dem Tag, an dem Andreas Baader in Frankfurt a. M. verhaftet wurde, wurde Bölls Landhaus in der Eifel umstellt, Polizei fahndete nach Terroristen, Hausgäste Bölls mußten sich ausweisen. Böll bat den Bundesinnenminister Genscher um Auskunft, *auf Grund welcher Vermutungen, Verdächtigungen, möglicherweise Denunziationen eine solche Aktion zustandekommen konnte*[389].

Am 7. Juni debattierte der Bundestag über innere Sicherheit, und der CDU-Abgeordnete Friedrich Vogel erklärt «die Bölls» zu Helfershelfern der Terroristen. «Quick» schrieb: «Die Bölls sind gefährlicher als Baader–Meinhof.»

Böll reagierte am 12. Juni in einem «Monitor»-Fernsehinterview scharf, indem er der CDU/CSU vorwarf, sich auf eine *Intellektuellenhetze* eingeschossen zu haben.[390]

Gegen Jahresende, am 12. Oktober 1972, kommentierte Böll in seiner Rede auf dem Parteitag der SPD in Dortmund den politischen Sinn der Hetzkampagne: *Es ist in den vergangenen Jahren in diesem Land viel Gewalt sichtbar geworden, viel über Gewalt gesprochen und geschrieben wor-*

---

* Vgl. die Dokumentation Januar/Februar 1972 aus den Medien in: «Heinrich Böll: Freies Geleit für Ulrike Meinhof. Ein Artikel und seine Folgen». Zusammengestellt von Frank Grützbach. Köln 1972. (pocket. 36) – Neuaufl. als Teil 2 in: Heinrich Böll und Frank Grützbach, «Ein Artikel und seine Folgen. Immer noch und immer wieder: Springer». Bornheim 1982.

Die verlorene Ehre der Katharina Blum   (1

oder:Wie Gewalt *entstehen* ~~und wohin sie~~ *(Tim hum* führt
Erzählung

Personen und Handlung dieser Erzählung sind frei erfunden.
Sollte sich bei der Schilderung gewisser journalistischer
Praktiken Ähnlichkeiten mit den Praktiken der Bild-"eitung
ergeben haben,so sind diese Ähnlichkeiten weder beabsich-
tigt noch zufällig,sondern unvermeidlich.

[1]

Für den folgenden Bericht gibt es ~~und sonst~~ *einige Neben-* und *Ja-*
Haupt
~~und~~quellen,die hier am Anfang *einmal* genannt,dann aber
mehr
nicht erwähnt werden.Die ~~wichtigsten~~ Hauptquellen:Verneh-
mungsprotokolle der Polizeibehörde,"echtsanwalt Dr. Hubert
Studien
Blorna,sowie dessen Schul-und ~~Studien~~freund,der Staatsanwalt
Peter Hach,der--vertraulich versteht sich--die Verneh-
mungsprotkolle,gewisse Massnahmen der Untersuchungsbehör-
de und Ergebnisse von Recherchen,soweit sie nicht in den
Protokollen auftauchten,ergänzte;nicht,wie unbedingt hinzu
gefügt werden muss,zu offiziellen,ldiglich zu privatem Gebrauch,da ihm der Kummer seines Freundes Blorna,"der sich
das alles nicht erklären konnte und es doch,wenn ich es
recht bedenke,nicht unerklärlich"fand,regelrecht zu Herzen
ging.Da der Fall der Katharina Blum angesicht ~~des Zustandes~~
der Angeklagten und der ~~keinesfalls eindeutigen Legitimation~~
ihres ~~~~Verteidigers Dr. Blorna ohnehin mehr
oder weniger fiktiv ~~bleibt~~,sind vielleicht gewisse kleine,
[nicht nur
sehr menschliche Unkorrketheiten,wie Hach sie beging,ver-
auch
ständlich ~~und~~ verzeihlich.

Die Nebenquellen,einige von grösserer,andere von geringerer
Bedeutung,brauchen hier nicht erwähnt zu werden,da sich ihre
Verstrickung,Verwicklung,Befasstheit,Befangenheit und Betrof-
fenheit aus dem Bericht selbst ~~ergibt~~,denn der Bericht
--da hier soviel von Quellen geredet wird--hin und wieder

Erste Seite des Typoskripts «Die verlorene Ehre der Katharina Blum»

den. Stillschweigend hat man sich darauf geeinigt, unter Gewalt nur die
eine, die sichtbare zu verstehen: Bomben, Pistolen, Knüppel, Steine, Was-
serwerfer und Tränengasgranaten. – Ich möchte hier von anderer Gewalt
und anderen Gewalten sprechen, von jenen, gegen die die sozial-liberale

Koalition erreicht hat, was sie erreichte: gegen die massive publizistische Gewalt einiger Pressekonzerne, die in erbarmungsloser Stimmungsmache die Arbeit erschwert und Verleumdung nicht gescheut hat. Böll verwies darauf, daß loyale *Zeitungen und Zeitschriften ... schon früh auf eine Empfehlung des CDU-Wirtschaftsrats auf die simpelste Weise unter Druck* gesetzt worden seien, *indem man ihnen Anzeigen entzog.*[391] Die Medienkritik, die in Bölls Werk seit *Doktor Murkes gesammeltes Schweigen* (1955) einen besonderen Platz einnimmt, war damit auf ein neues Niveau gehoben. Indem Böll die unmittelbare Gewalt zusammen mit der mittelbaren Gewalt, die beide in derselben Gesellschaft erzeugt und praktiziert werden, reflektierte, war ihm das Problem seiner ersten dichterischen Arbeit nach dem Empfang des Nobelpreises gegeben: *Die verlorene Ehre der Katharina Blum oder: Wie Gewalt entstehen und wohin sie führen kann.*

Die Novelle erschien Ende Juli 1974 in vier Folgen im «Spiegel», angekündigt von Rudolf Augstein als das erste «belletristische Werk», das

Plakat von Klaus Staeck

Mit Günter Wallraff, Klaus Staeck und Klaus Thüsing

die Zeitschrift seit ihrem Bestehen veröffentlichte. Die Startauflage der Buchausgabe, August 1974, waren 100 000 Exemplare. Bis zum Ende des Jahres waren an 200 000 Exemplare verkauft. Allein die Ausgabe im Deutschen Taschenbuch Verlag erreichte eine Auflage von einer Million. Die Novelle wurde in achtzehn Sprachen übersetzt. Unter den vielen Bucherfolgen Bölls ist dies wohl der spektakulärste. «Die Zeitungen des Springer-Verlages stellten für die Zeit des Verkaufserfolges der *Katharina Blum* ihre Bestseller-Listen ein.» (Viktor Böll)[392]

Anders als die Aussteigerin Leni in *Gruppenbild mit Dame* ist Katharina *eine durchaus angepaßte Figur, die das Wirtschaftswunder mitmacht, überzeugt davon ist, sehr tüchtig und strebsam sich verhält* ...[393] Sie ist proletarischer Herkunft, als Tochter eines Bergarbeiters 1947 geboren, in der Gegenwart der Geschichte, Februar 1974, siebenundzwanzigjährig; sie hat sich als Wirtschafterin eine Eigentumswohnung erarbeitet. Mit Leni aber teilt sie doch eine große Sensibilität, eine Keuschheit, und ferner mit anderen starken Frauenfiguren Bölls eine Entschlossenheit, die sie ohne *Reue*[394] bleiben läßt, auch als sie denjenigen erschossen hat, der ihr ihre *Ehre* geraubt hat. So kann Böll sie einen *lädierten Engel* nennen.[395]

Ihrer *Ehre* wird Katharina beraubt durch die journalistischen Praktiken *der ZEITUNG*, von denen es gleich in einem Vorspann heißt, daß

Ähnlichkeiten mit den Praktiken der «Bild»-Zeitung . . . unvermeidlich seien.[396] *Die ZEITUNG* hat erfahren, daß Katharina in der Weiberfastnacht sich in einen Bundeswehrdeserteur und -kassenräuber verliebt hat, ihn beherbergt und am nächsten Morgen durch geheime Schächte ihres Wohnhauses hat fliehen lassen. Der junge Mann wird ohne Indiz als Terrorist verdächtigt, Katharina als *RÄUBERLIEBCHEN* bloßgestellt, über *HERRENBESUCHE* bei ihr wird Phantastisches berichtet[397], ihr Vater als *verkappter Kommunist*[398] ans Licht der Öffentlichkeit gezerrt. Kurz, alles wird entstellt und zum Schluß dermaßen in sein Gegenteil verkehrt, daß Katharina den Vorsatz kaltblütig faßt, den Journalisten Tötges, der das alles über sie in die Welt gesetzt hat, zu erschießen. Dies ist die einfache Kriminalstory. Auch sie folgt aus Bölls grundlegender poetischer *Voraussetzung, daß Sprache, Liebe, Gebundenheit den Menschen zum Menschen machen . . .*[399] Denn die mittelbare Gewalt hat hier auch die Sprache derjenigen zerstört, die Katharina ihrer *Ehre* berauben. Der brutalisierte und brutalisierende Jargon, den ein Polizeikommissar mit der Frage gegen sie richtet *«Hat er dich denn gefickt»* – woraufhin *Katharina sowohl rot geworden wie in stolzem Triumph gesagt haben soll: ‹Nein, ich würde es nicht so nennen›*[400], und den der Journalist nach seinen Hetzartikeln auch noch persönlich gegen Katharina verwendet: *«ich schlage vor, daß wir jetzt erst einmal bumsen»*, lösen Momente der Handlung aus: *. . . ich dachte: «Bumsen, meinetwegen», und ich hab die Pistole rausgenommen und sofort auf ihn geschossen.*[401] Das Thema *Gewalt* ist in das Medium der Sprache von Böll aufs Subtilste verwoben worden.

Auch der Aufbau der Novelle ist außerordentlich kunstvoll. Wieder – seit *Ende einer Dienstfahrt* (1966) hatte sich diese Form bewährt – ist es ein Prozeß, der abläuft, ein *Ordnungsvorgang*, wie es ironisch heißt[402], in den 58 oft sehr kurze Aussagen gebracht werden, um sich wechselseitig zu erhellen. Die auktoriale Erzählform aus *Gruppenbild mit Dame* ist beibehalten. Die Geschichte ist derart sicher konstruiert, daß der Autor hier zum erstenmal das klassische tektonische Mittel der Vorausdeutung mehrmals anwendet.

Überhaupt hat Böll sein Verhältnis zur klassischen deutschen Literatur, das er gewöhnlich in Zitaten, Anrufung der auctores – nicht immer in gewandtester Weise: *. . . fuhren Kahn sogar auf Hölderlin*[403] – oder einfach mitgeteilten Lektürelisten angedeutet hatte, hier gestaltet. Er hat seiner *Hommage an die bürgerliche Kultur*[404] in dieser Novelle dadurch Gehalt gegeben, daß er im Titel wie auch im Hergang Schillers moralische Erzählung durchscheinen läßt, «Der Verbrecher aus verlorener Ehre» (1786). In der Strukturierung des Stoffes folgt Böll der spannungsreichsten Erzählung Kleists, «Die Marquise von O . . .» (1808). Der Vorfall wird in lakonischer Kürze – bei Kleist in sieben, bei Böll in fünfzehn Zeilen – zu Anfang berichtet. Danach wird der Hergang der «unerhörten Begebenheit», wie Goethe die Novelle praktisch definiert hat, samt seinen Motivationen erzählt. Mit *Die verlorene Ehre der Katharina Blum* hat Böll den Schatz klassischer deutscher Novellen um eine vermehrt. Mit auktorialer Ironie ist auch dieser Zusammenhang im Hinblick auf das klassische Harmonie-Ideal, das Böll seit *Vermächtnis*, seit seinen Anfängen so richtungsweisend gewesen ist, angedeutet: *Es ist natürlich äußerst bedauerlich, daß hier zum Ende hin so wenig Harmonie mitgeteilt und nur sehr geringe Hoffnung auf solche gemacht werden kann. Nicht Integration, Konfrontation hat sich ergeben. Man muß sich natürlich die Frage erlauben dürfen, wieso oder warum eigentlich?* [405]

Die Abwendung

Da ich mich nicht mehr Christ nennen möchte und auch nicht mehr so genannt werden möchte angesichts der Tatsache, daß alle institutionellen Verwendungen des Wortes «christlich» (bei der CDU/CSU etwa, in der sogenannten Amtskirche) es mehr und mehr zu einem Schimpfwort machen ...[406] – diese Äußerung von 1973 faßte den sehr langen Prozeß der Entfremdung Bölls von der römisch-katholischen Kirche mit Schärfe zusammen. Der *Brief an einen jungen Nichtkatholiken*, 1966 an Günter Wallraff gerichtet, die Stellungnahme *Taceat Ecclesia*, 1968, als Kritik an der Enzyklika «Humanae vitae», die Katholiken Empfängnisverhütungsmittel zu benutzen verbot, hatten Christliches schon gegen Parteien und *Amtskirchen* verteidigt. Und der Prozeß der Entfremdung, eingeleitet durch jene erste *kirchliche Krise* in den dreißiger Jahren, ging weiter. Er blieb dabei stets gebunden an *die Erfahrungen der Unsolidarität dieser Amtskirche mit den ... hungernden, notleidenden Menschen ...*[407] *... die Kirchen haben noch nicht begriffen, was Liebe ist ... nur eine vertrackte juristische Spitzfindigkeit, um so etwas zu regeln wie Liebe und Ehe,* stehe ihnen zur Verfügung.[408] In *dieser Industriekultur* sehe der Gläubige *keinerlei Beziehung oder Bezug mehr zwischen Kirche und Arbeitswelt*[409] – das sind die grundlegenden Einwände Bölls.

Im besonderen ist Böll die Kirchensteuer ein Stein des Anstoßes. Er zahlte sie seit 1972 nicht mehr. Seinem französischen Gesprächspartner René Wintzen hat er zu diesem Punkt erklärt: *Die Verankerung, die die Kirchen in der Bundesrepublik haben via Kirchensteuer, habe ich noch keinem Ausländer erklären können, weil es keiner versteht, weil keiner glaubt, daß es wahr ist, daß nämlich die Kirchen 10% der Einkommensteuer oder der Lohnsteuer per se bekommen, automatisch. Das ist gesetzlich geregelt, da gibt's keinen Pardon. Das gibt ihnen Einkommen und eine Basis wie einem Großunternehmen ... Diese Basis halte ich ohne jede Einschränkung für kriminell ...*[410]

So war Böll 1976 zu der Meinung gelangt, *ich glaube nicht, daß der deutsche Katholizismus regenerierbar ist*[411]. Das war das Jahr, in dem Böll aus der Kirche austrat. Ihm war dabei *der nationale Unterschied,* die deutsche Besonderheit des Katholizismus stets bewußt. *Wenn ich Schwede wäre, Engländer, Italiener, Franzose, Pole, Ungar oder Norweger, katho-*

Mit seiner Frau

lisch, hätte ich das nie getan; wär' auch nicht nötig gewesen.[412] Allein im
Deutschland jenes *verabscheuungswürdigen Luther* hatten sich in der Kirche Haltungen entwickelt, an denen sich Bölls Kritik besonders entzün-
dete. 1979 sagte er, auf seinen Kirchenaustritt rückblickend: *Die Körperschaft Kirche in Deutschland ... hat eine derart militante, unfriedfertige
Rolle im Nachkriegsdeutschland gespielt, daß mir fast die groben und wirklich gefährlichen Fehltritte in der Nazi-Zeit harmlos vorkommen, weil sie
unter Druck passierten. Das, was wir Restauration nennen, ist eigentlich
von der Körperschaft Katholizismus in Deutschland am intensivsten betrieben worden und auch die Fast-Identität mit der CDU.*[413] Dieser Teil der
Kirchenkritik gehört Bölls Gesellschaftskritik zu, gemäß seiner Feststellung, als er sich 1973 den Titel eines Christen verbat: *Die «offiziellen»
Christen haben alles, was menschlich sein könnte, zu einem zynischen
Schwindel gemacht. Ich kann das nicht anders als gesellschaftlich-politisch
sehen.*[414]

Die religiöse Seite sieht anders aus: Ein getaufter Katholik kann seine
Kirche nie verlassen. Sein Austritt betrifft nur staatliche Behörden – also
den Fiskus, der nicht mehr die von Böll monierte Kirchensteuer für ihn
abführt. So kann Böll sagen, daß er *aus der Körperschaft* der Kirche *aus-
getreten* sei. *Aber ich fühle mich dem Körper noch zugehörig ... Das sollen
sich die Theologen mal angucken, den Unterschied zwischen Körperschaft*

und Körper.[415] Dies ist bisher wohl der deutlichste Verweis auf Bölls Hinneigung zur paulinischen Lehre vom Corpus Christi mysticum, die – wiewohl mystisch schwankend in der Erklärung von manchen Einzelheiten – eine sakramentale Gemeinschaft zwischen Christus, dem Heiligen Geist, dem Bischof von Rom und den irdischen Gläubigen jenseits natürlich-gesellschaftlicher Gemeinschaften annimmt. Pius XII. hatte dieser Lehre 1943 eine letzte Enzyklika gewidmet.

Wohin wandte sich der Christusgläubige, wenn er sich von seiner Kirche abwandte? Er zog sich aus Kult und Dogmen in eine innere Vorstellung der Kommunion zurück. Er verinnerlichte seinen Glauben um einen weiteren Grad. Die Glaubensgewißheit wird dadurch nur gesteigert. Tatsächlich scheint es, als spiegle seit *Gruppenbild mit Dame* die nicht mehr übersehbare Transparenz aller materiellen Vorgänge für ihren spirituellen Sinn im Werk Bölls diesen Prozeß der Verinnerlichung wider. Der Existentialismus, der modisch und vage Bölls schriftstellerische Anfänge bestimmte, wird durch das Hervortreten des Religiösen in den Hintergrund abgedrängt.

«Wir sind geboren, um zu leiden, zu wissen, warum wir leiden. Unser Schmerz ist das einzige, was wir werden vorzeigen können, hatte es in *Das*

Blick aus dem Arbeitszimmer Hülchrather Straße 7

Vermächtnis geheißen.[416] *Angst* in vielen Erlebnisformen war im ersten Roman eine andere existentialistische Grunderfahrung; sich der Weltwirtschaftskrise erinnernd, hatte Böll von der *Angst* gesagt, daß sie *niemandem erspart bleibt*.[417] Elemente des Existentialismus im Frühwerk hat Böll Nicolas Born im Gespräch zugegeben, ja für wichtiger als dessen reale Stoffe erklärt.[418] Über Bölls Empfindung der *Fremdheit*, die in diesen Komplex gehört, hatten wir gesprochen, als wir sein Verhältnis zu Köln behandelten. In Gesprächen mit René Wintzen, Werner Koch und anderen taucht *Fremdheit* als Kategorie zugleich mit dem Begriff der *existentiellen Komponente* immer wieder auf, und noch in *Was soll aus dem Jungen bloß werden?* gibt es die emphatische Stelle, wo Böll über die Welt außerhalb seiner selbst in den dreißiger Jahren ganz generell feststellt: *fremd, fremd war mir das alles, was da so außerhalb von mir lief, fremd und wurde immer fremder.*[419] In *Gruppenbild mit Dame* wird im Moment, wo *Sinnlosigkeit* witzelnd der Verwechslung mit *Sinnlichkeit* preisgegeben wird, auch die *existentielle Komponente* spielerisch als *existentieller* Auftrag des Erzählers, des *Verf.*, relativiert und das *Existentielle* neben anderen Weltanschauungen wie Materialismus, Realismus, Liberalismus, Katholizismus usw. angeboten.[420] Die Kategorien des Existentialismus werden nicht benötigt, wo eine mystische Religiosität dominiert.

Außerdem aber – das muß hinzugesehen werden – hatte der Außenseiter sich einer politisch-gesellschaftlichen Identifikation angenähert und auch von daher dem Gefühl durchgehender *Fremdheit* entgegengewirkt. Daß jedenfalls die neue Stufe seiner Kirchenkritik zugleich mit seinem gesellschaftlichen Engagement für die SPD erreicht wird, liegt zutage. In dieser Kirchenkritik nimmt die Kritik der Sakramente einen bedeutenden Platz ein. Und noch einmal hängt sie mit jenem geschichtlichen Gedanken daran zusammen, *daß die Formierung des Katholizismus durch das Römische zu stark war, da kommt auch das Rechtliche rein, die Verrechtlichung aller Dinge*[421].

Alle Sakramente haben eine mystische Dimension, die im rationalen Sinne, im juristischen Sinne völlig unkontrollierbar ist.[422] Das gelte für Kommunion, Ehe, Priesterweihe, denen in der Kirche durch ihre *Verrechtlichung* ihre eigentliche Heilkraft genommen sei. *Unbewußt habe ich als junger Mensch wahrscheinlich diesen Zwiespalt empfunden, vor allen Dingen die niederschmetternde Erkenntnis, wie wenig die Sakramente bei den Menschen als Masse bewirken. Wenn Sie sich vorstellen, daß Millionen Menschen morgens zur heiligen Kommunion gehen, daß sie beichten gehen am Freitag oder Samstag und daß im Lauf der Geschichte das milliardenfach passiert ist, und es ändert eigentlich die Menschen gar nicht ... Ich glaube nicht, daß man durch automatisches Absolvieren von Sakramenten wirklich Heilung erfährt. Immer nur im Zusammenhang von konkreten, ich möchte sagen sinnlichen Erlebnissen von Brot und Wein und Liebe und Brüderlichkeit.*[423] Ganze Motivreihen seit *Trunk in Petöcki* (1950),

*Gabe der Stadt Köln
zum 60. Geburtstag:
General Friedrich Wilhelm
Graf Bülow von Dennewitz*

Der Geschmack des Brotes (1955) bis zu Lenis Hinreichen einer Tasse Kaffee an den russischen Kriegsgefangenen in *Gruppenbild mit Dame* tragen diese Bedeutung der Versinnlichung eines Sakramentes.

Im Werk der letzten zehn Jahre ist es ein neues Motiv, das ebenfalls auf den *neuen Sakramentsbegriff*[424] zielt, den Böll anstrebt (oder ebensowohl auf die Vermeidung des alten), es ist das Motiv der Reue bzw. Reuelosigkeit. Leni und Katharina waren Figuren, die als *reuelos* beschrieben waren. Sie waren zugleich *stolz*. Das heißt aber auch, daß sie weder d e m ü t i g noch b u ß f e r t i g waren. Damit sind sie unvorbereitet zur Beichte und unvorbereitet zur Kommunion. Sie bedürfen eben dieser institutionalisierten Sakramente nicht mehr. In einer der letzten Satiren, *Berichte zur Gesinnungslage der Nation*, 1975, fingiert *Rotgimpel* ironisch *Reue* über ehemalige *Aktivitäten* auf der *Berliner und Dortmunder Anarchoszene*[425], ein anderer *Radikalsympathisant* ist *reumütig* darüber, *daß er seinerzeit einem*

115

Mit Annemarie und Vincent Böll. Israel, 1972

Hund ... von dem er wußte, daß er einer Verwandten von Gudrun Ensslin gehörte, eine ganze Tüte voll saftiger Hammelknochen hingeworfen hat.[426] Diese beiden erheucheln sich derart die Absolution der Gesellschaft. Die *Gesinnungslage der Nation* ist durch den Radikalenerlaß zu einer großen Heuchelei geworden.

Der vorläufige Endpunkt dieser Motivkette ist das Bekenntnis Rolf Tolms, eines anarchistischen Aussteigers, in Bölls Roman *Fürsorgliche Belagerung*, 1979, das – abstrakt, wie es formuliert ist – die Position des reuelosen *Hochmuts* bezieht: *... wir empfinden keinen Haß, nicht einmal Ekel, nur Verachtung für die, die das alte Geschwätz immer wieder abbeten – Verachtung auch für die, die uns dem Geschwätz unserer Mitbürger ausliefern, durch Spitzel, Schnüffler, Berufsverbote – das Gefährliche ist unser Stolz, unser Hochmut.*[427] Man geht wohl nicht fehl in der Annahme, daß Böll in diesen schriftstellerischen Darstellungen, da die *Amtskirche* unter ihrem Oberhirten – *Es gibt in Rom großartige Erscheinungen. Ich meine nicht den Vatikan. Schweigen wir über Herrn Wojtyla*[428] – dies nicht zuwege bringt, einer Gruppe Verfemter in dieser Gesellschaft Trost zusprechen möchte.

Zustände der bundesrepublikanischen Gesellschaft schärfer als jedermann zu erkennen, dazu trugen Bölls Auslandsreisen und -aufenthalte bei. Mit einem Besuch 1953 in Paris, einem langen – und noch oft wiederholten – Aufenthalt in Irland 1954, einer Reise nach Schweden 1956 begannen sie. 1962 unternahm Böll eine erste Reise in die Sowjet-Union,

1971 einen ersten Besuch der USA. Die Tschechoslowakei, Israel, Griechenland, Südamerika folgten. Unter den dabei erworbenen Ehrungen und Auszeichnungen sind wohl die drei Ehrendoktorhüte, die ihm englische und irische Universitäten in dem einen Jahr 1973 verliehen, der Erwähnung wert.

Aber auch die Hetzkampagnen wurden fortgesetzt. Eine von ihnen mußte Böll besonders treffen, diejenige, in der ihm mangelnde Solidarität mit dissidierenden Sowjet-Schriftstellern vorgeworfen wurde. Böll konnte sich nicht verteidigen, weil er persönlich eingeleitete Hilfsaktionen dadurch gefährdet hätte. Seit dem Artikel *A Plea for Meddling* (*Einmischung erwünscht*) in der «New York Times», Februar 1973, hat Böll jedoch mit öffentlichen Äußerungen zugunsten von Andrej Amalrik, Andrej D. Sacharow, Wladimir Bukowski, Glossmann nicht zurückgehalten. Seine Freundschaften mit Alexander Solschenizyn und Lew Kopelew sprechen hier für sich. Ihre Emigration hat Böll auch veranlaßt, sein Verhältnis zur deutschen Exilliteratur 1933 bis 1945 neu zu bedenken: *Wahrscheinlich ist das, was man ... deutsche Bildung nennen könnte ohnehin in die Emigration – und nicht nur die jüdische – gegangen.*[429] In die restaurative Bundesrepublik seien die exilierten Autoren *nie so recht* heimgekehrt.[430]

Mit Lew Kopelew, 1980

Mit Siegfried Lenz, 1981

1974, nach der Erschießung des Berliner Kammergerichtspräsidenten Günther von Drenkmann durch Terroristen, erreichte die gegen Böll gerichtete Hetze neue Gipfel. Am Abend der Beerdigung von Drenkmanns erlaubte sich Matthias Walden im ARD-Spätkommentar des Senders Freies Berlin, Böll denjenigen zuzuzählen, die «den Boden der Gewalt ... durch den Ungeist der Sympathie mit den Gewalttätern gedüngt» hätten.* Walden berief sich dabei nicht auf die soeben erschienene Novelle *Die verlorene Ehre der Katharina Blum*, sondern auf eine Rede Bölls aus dem Jahre 1966, in der es geheißen hatte: *dort wo der Staat gewesen sein könnte oder sein sollte, erblicke ich nur einige verfaulende Reste von Macht*[431], und auf den Spiegel-Artikel *Will Ulrike Meinhof Gnade oder freies Geleit?*. Er zitierte daraus ungenau. Böll strengte einen Prozeß an, der vom Kölner Landgericht durch zwei weitere Instan-

---

* Vgl. die Dokumentation: «Böll gegen Walden (Springer). Teil 1». In: «Ein Artikel und seine Folgen. Immer noch und immer wieder: Springer». Hg. von Heinrich Böll und Frank Grützbach. Bornheim 1982.

zen bis zum Bundesverfassungsgericht lief und nach achtjähriger Dauer zur Verurteilung des Kommentators wegen Persönlichkeitsverletzung führte.

Gegen eine andere verleumderische Äußerung, die nur wenige Wochen nach Waldens Kommentar getan wurde, konnte Böll nicht prozessieren, da sie vom Fraktionschef der Berliner CDU, Heinrich Jodokus Lummer kam, der Immunität besaß. Der Abgeordnete hatte sich geweigert, einem vom Regierenden Bürgermeister von Berlin, Klaus Schütz, gegebenen Empfang zu Ehren Bölls und Helmut Gollwitzers, denen beiden von der Internationalen Liga für Menschenrechte die Carl von Ossietzky-Medaille verliehen worden war, beizuwohnen, mit der Begründung, Böll sei *einer der Großväter der Gewalt*[432].*

Drei Jahre später flackerten diese Anwürfe wieder auf und drangen in Bundestagsdebatten über die innere Sicherheit ein. Anlaß war die Entführung Hanns-Martin Schleyers, Präsident der Deutschen Arbeitgeberverbände, die Ermordung seines Fahrers und der drei begleitenden Polizeibeamten am 5. September 1977, die Ermordung Schleyers am 18. Oktober 1977. Das war «Deutschland im Herbst», wie der von Volker Schlöndorff initiierte dokumentierende Film mit einem Beitrag Bölls diese Phase genannt hat – *eine der widerwärtigsten Epochen der deutschen Nachkriegsgeschichte*[433]. Böll appellierte zusammen mit dem Berliner Bischof Kurt Scharf, Pastor Heinrich Albertz und Helmut Gollwitzer an die Geiselnehmer: *Lassen Sie Menschlichkeit über Ihre Planung siegen . . .*[434] Aber die Hetzkampagne der Springer-Presse überschlug sich, und wie schon 1974 wurden auch Familienmitglieder Bölls behelligt.

Bölls Mahnungen an die Gesellschaft wurden dringlicher. Er tat sich mit anderen zusammen, zur «Verteidigung der Republik»[435] aufzurufen. Er sprach sich gegen *permanente Gesetzesverschärfungen und Gesetzesveränderungen* aus: *Der Terrorismus ist durch Gesetze am allerwenigsten auszurotten oder zu verhindern. Das sehen wir überall in der Welt* (zu Hanjo Kesting)[436] – *Langsam, unmerklich, Stück für Stück kann die Freiheit der Sicherheit geopfert werden, wenn die Angst nur immer wieder geschürt wird, auch genährt.*[437]

Bölls letzter umfangreicher Roman *Fürsorgliche Belagerung*, 1979, umkreist den Fragenkomplex, welche Opfer *Sicherheit* fordert, wie groß die *Gefahr* sei, *daß wir ein totaler Staat werden*[438], wie verwaltet unsere Gesellschaftswelt denn sei. Die Kritik hat empört reagiert. Bölls Fragestel-

---

* Am 12. Dezember 1974 sagte der Vorsitzende der CDU/CSU-Bundestagsfraktion, Karl Carstens, in Duisburg auf einer Kundgebung vor 3000 Zuhörern: «Ich fordere die ganze Bevölkerung auf, sich von der Terrortätigkeit zu distanzieren, insbesondere auch den Dichter Heinrich Böll, der noch vor wenigen Monaten unter dem Pseudonym Katharina Blüm ein Buch geschrieben hat, das eine Rechtfertigung von Gewalt darstellt.»

Die Friedensdemonstration in Bonn, 10. Oktober 1981

lung traf in der Tat sozusagen das Zentralnervensystem dieser Gesellschaft.*

Die Kritik der kapitalistischen Arbeitswelt im Roman, auf die wir bereits hingewiesen haben, ist eingebettet in das große Thema der Medienkritik, das Böll seit jeher, aber seit den eigenen üblen Erfahrungen in verstärktem Maß beschäftigt hat. Es wird im Roman vom Zwang zur *Doppelbahnigkeit*[439] vor den Kameras bis zu deren *Mündungsfeuer*[440] als tödlicher Bedrohung gesteigert. Die Hauptfigur, Fritz Tolm, ein resignierter alter Herr und Schloßbesitzer, ist selber Präsident einer Zeitungsgruppe und spricht zwar vor der Presse geläufig von *Wachstum, Aufschwung, Versöhnung, Tarifautonomie, Harmonisierung der Interessen*[441], hegt aber im Innern *Angst vor dem Wachstum*[442], vor der *Eigengesetzlichkeit* akkumulativer *Vorgänge.*[443] Doch in seiner Resignation dringt davon nichts nach außen, setzen diese und viele andere Gedanken nichts in Bewegung. Tolm ist durch Söhne und deren Frauen mit der Terrori-

---

* Vgl. die Kritik der Kritik in den Interviews von Dieter Zilligen und Robert Stauffer in: «Materialien zur Interpretation von Heinrich Bölls *Fürsorgliche Belagerung*». Köln 1981.

stenszene versippt. Aber das Wort Terrorismus fällt nicht; nur ein einziges Mal bekennt der alte Herr, unter gewissen Umständen *krieg ich selber schon terroristische Gedanken*[444]. Die um ihn gruppierten Jüngeren – deren Bekenntnis zu *Stolz* und *Hochmut* wir schon vernommen haben – werden vage als *Satellitenkinder... von einem anderen Stern* bezeichnet, und Tolm staunt über die *überirdische Fremdheit in ihren Gedanken und Werken*.[445] Neben vielen treffenden Beobachtungen aus der Gegenwart, wie die der *kessen Soziologen, die das linke Vokabularium beherrschten, aber rechts argumentieren konnten*[446], waltet eine müde Verschwommenheit der Vorstellung, die ihre eigentliche Ursache darin hat, daß Böll der Gegenwart ganz abstrakt, und sowohl durch Terrorismus als auch durch Pornographie begründet, *Chaos, Fäulnis, Auflösung*[447] zuschreibt und diese auch noch letztlich aus den Pfarrhäusern des Klerus hervorgehen sieht. Bei dieser Invertiertheit des zeitkritischen Blicks nimmt es nicht wunder, daß auch der Kapitalismus selbst für Herrn Tolm *mythische* Züge annimmt.[448]

Als letzten Punkt wollen wir die eigentümliche Schwäche in der Soziologie der Hauptfigur erwähnen. In ihm soll offenbar ein großbürgerlicher Typ dargestellt sein, mit Schloß, Kammerdiener, Silbergeschirr für den five o'clock tea, zu dem Kaviar und Toast gelegentlich gereicht werden. In diesen Punkten wird die Darstellung preziös, vergleichbar der preziösen Konstruktion des sich beim regelmäßigen morgendlichen Billardspielen seines Lebens erinnernden Robert Fähmel oder der weinerlichen *Ansichten* eines rheinischen Industriellensohnes, der *Clown* wurde. Wir hatten diese Romane als Ausdruck der Restaurationsepoche bezeichnet; *Gruppenbild mit Dame* war uns dagegen als Abbild der neuen Phase der Sozialliberalen erschienen. *Fürsorgliche Belagerung* erscheint uns – ästhetisch gesprochen – als die Summe der Enttäuschungen der siebziger Jahre.

Diesen Enttäuschungen zum Trotz hat Böll noch jüngst bekannt: *die Bundesrepublik Deutschland ist das Land, in dem ich leben möchte*.[449] Der Verinnerlichung seiner Gesellschaftskritik unerachtet ist Böll denn auch nach Jahren einer gewissen ermüdeten Abwendung vom öffentlichen Leben in dem neuen weltpolitischen Stadium, in das die Ost-West-Politik durch den Nachrüstungsbeschluß der NATO im Dezember 1979 getreten ist, der internationalen Friedensbewegung beigetreten. Er hat sich dem von Gert Bastian, Martin Niemöller, Gösta von Uexküll und anderen initiierten Krefelder Appell, der «Abrüstung für wichtiger als Abschreckung» hält, 1980 angeschlossen. Im Jahr darauf trat Böll an die Spitze der Friedens-Kundgebung in Bonn, die von den evangelischen Organisationen «Aktion Sühnezeichen» und «Aktionsgemeinschaft Dienst für den Frieden» veranstaltet und zur größten politischen Demonstration in der Geschichte der Bundesrepublik wurde. Mit Erhard Eppler, Heinrich Albertz, Uta Ranke-Heinemann und Petra Kelly trat Böll am 10. Oktober

1981 auf das Podium der Hofgartenwiese. Seine wenigen Worte *Gegen die atomare Bedrohung gemeinsam vorgehen* wurden von 300 000 Anwesenden und von Millionen in den Medien gehört. *Die Politiker haben ja die Wahl, uns zu apathischen Zynikern zu machen. Das ist sehr leicht geschehen. Sie können es haben, sie können eine gelähmte Bevölkerung auf der ganzen Welt haben, die gelähmt ist von diesen Waffenpesten und Waffenzahlen. Wir wollen uns nicht lähmen lassen!*[450]

Wiedersehen 1982

1952 oder 1953 sah ich Böll zum erstenmal. Er las in einer Hamburger Buchhandlung vor, und ohne daß ich mich an Einzelheiten erinnere, ist mir der Eindruck im Gedächtnis geblieben, den seine Erzählung weckte: eine Mischung aus Heiterkeit und Wehmut und jedenfalls Rührung. Böll sprach leise. Er sah aus, wie ihn Hans Werner Richter beim ersten Besuch einer Tagung der Gruppe 47 1951 beschreibt, wie ein «Monteur, Klempner oder Elektriker», das heißt er trug einen dunkelblauen Pullover, wie ihn hier Hafenarbeiter oder Segler tragen, einen Troyer. Das Lesen strengte ihn an.

Als ich Böll wiedersah, 1971, geschah das unter sehr veränderten Umständen. Ich gehörte damals der Fakultät der Columbia University, New York City, an und leitete einige Jahre deren Deutsches Haus – ein recht altes Kulturinstitut, das 1911 in Anwesenheit von Gerhart Hauptmann gegründet, 1929 mit einer Grußbotschaft von Hugo von Hofmannsthal wiedereröffnet worden war, in dem Thomas Mann und einige seiner Mitemigranten gesprochen hatten, in dem zu meiner Zeit Max Frisch, Günter Grass, Siegfried Lenz, Peter Rühmkorf, auch Klaus von Dohnanyi und andere zu Gast gewesen waren. Und so war auch Bölls Besuch am 28. Oktober 1971 zu erwarten.

Der Empfang, der ihm zu Ehren in dem alten Brownstone, damals 113. Straße zwischen Broadway und Amsterdam Avenue, gegeben wurde, erforderte mehr Vorbereitung als gewöhnlich: nicht alle Personen auf der mailing list konnten eingeladen werden, besonders flinke barkeeper waren vom Students' Service, besonders kräftige Wachleute, guards, von der Security zu heuern, und besonders schmackhafte – und nicht die gewöhnlich schon ausgetrocknet ankommenden – Partyhäppchen und Getränke waren zu bestellen.

Gruppenbild mit Dame war in jenem Herbst erschienen. Bölls Verlag hatte mir ein Exemplar zugesandt. Nach vielen Jahren unterbrochener Böll-Lektüre – denn nach *Billard um halbzehn* hatten mich die *Ansichten eines Clowns* dermaßen verdrossen, daß ich mit dem Lesen aufgehört hatte – mußte ich sie fortsetzen. Ich war höchst erfreut, in dem neuesten Werk frühere Aspirationen gelungen zu finden. In einem Brief, technische Details seines Besuchs betreffend, sprach ich diesen Eindruck gegen den Autor auch aus. Beim Empfang ergab sich keine Gelegenheit, das mündlich zu wiederholen.

Oder ich nahm mir die Gelegenheit nicht. Das Reduzieren der mailing list hatte gar nichts bewirkt. Das alte Brownstone konnte die Besucher kaum fassen, der Fußboden des Saales in der Beletage senkte sich, unten, im Foyer, zitterten die Deckenlampen. Die guards wurden angehalten, auf Risse im Gemäuer zu achten. Das Ganze war ein Vulkan, und die Gäste benahmen sich entsprechend. Amerikaner nutzen Gelegenheiten, celebrities besehen und befragen zu können, hemmungslos aus. Böll – strapaziert von Diabetes, einem dem psychosomatischen Formenkreis zugehörigen Leiden Sensibler, und der dadurch verstärkten Gefäßerkrankung, Folge seines Diabetes und seines starken Rauchens, auch eben erst genesen von einer Lebererkrankung – war sehr erschöpft. Ob er wollte oder nicht, er war eingepfercht in eine Stehparty. Sein Gesicht war zugleich erblaßt und gerötet, er transpirierte. Ich reichte ihm ab und zu ein Glas Wasser, wonach er ausschließlich verlangte.

Im übrigen bemühte ich mich, Leute von ihm fernzuhalten. Als eine Person Böll vorgestellt sein wollte, um ihn nach gewissen Aufsätzen der Sekundarliteratur über ihn selber auszuholen, versperrte ich der den Weg. Böll aber hörte allem, was auf ihn eindrang, zu. Mit einer Gelassenheit und Freundlichkeit, die beide zusammen der Engelsgeduld glichen, beugte er seinen Kopf den Fragenden hin. Er mußte leiden. Die, die ihn umringten, führten sich auf wie das, was man dort culture vultures nennt.

Wenig später erhielt ich Gelegenheit, mein Urteil über *Gruppenbild mit Dame* doch noch zu wiederholen: Die Mitglieder der Literaturabteilungen der Columbia University gehören zu den vorschlagsberechtigten Personen und Körperschaften, die von der Schwedischen Akademie der Schönen Künste in Stockholm vor der Verleihung des Nobelpreises für Literatur traditionsgemäß befragt werden. Ich konnte bald nach Bölls Besuch mein Votum für ihn als Kandidaten des Nobelpreises 1972 abgeben.

Ich erlebte Böll noch einmal in New York in einem stickigen Wolkenkratzerkabuff, wo er mit seinem Amtsvorgänger im Präsidium des Internationalen PEN-Clubs, Arthur Miller, ein für dortige Verhältnisse ungewöhnlich freimütiges und aufklärerisches hearing über den unterschiedlichen *Freiheits*-Begriff in der östlichen und westlichen Welt hielt.

Der Besuch bei Böll am 20. April 1982 war also ein Wiedersehen. Ich suchte ihn nicht in seiner Kölner Altbauwohnung, Hülchrather Straße 7, auf, die er seit 1969 bewohnte, sondern in Bornheim-Merten, im Gehöft des Lamuv Verlags, den sein Sohn René dort gegründet hat. Es war ein vorsommerlich warmer Tag, die Türen der Gebäude standen offen. Als ich die Treppe zum Wohnhaus hinaufstieg, war Böll leise in der Tür erschienen und sprach mich mit meinem Namen an. So, wahrhaft entgegenkommend, verlief der ganze Besuch.

Es ging alles einfach zu. Nichts von Protokoll war zu bemerken, weder in der Diele, als Frau Böll dazutrat, noch im Wohnzimmer, wohin sie Kaffee brachte. Dann zog sie sich bald zurück. Das Zimmer war geräumig. Viele Sessel waren so angeordnet, daß man sich gesellige Gesprächsrunden vorstellen konnte. Ein Selbstporträt der Käthe Kollwitz, im Profil, hing zwischen den beiden Fenstern.

Das Gespräch begann mit Römischem. Die Agrikultur zwischen Köln und dem Vorgebirge sei 1600, 1800 Jahre alt und römischen Ursprungs. *Sie sind hier Großgärtner, haben ihr eigenes Treibhaus und pflanzen dann aus. Das seh ich mir an, wenn ich spazieren gehe.* Über Bevölkerungszweige im Moseltal, die semitischen Ursprungs waren und als römische Legionäre dorthin gelangt seien: Durch den Ariernachweis sind die nicht mehr zu erfassen gewesen. Über Irland, tief römisch-katholisch, aber nie von Rom besetzt, daher fehlen dort Verwaltungsstrukturen, die in Mitteleuropa sonst üblich sind. Patrick sei dann dorthin gesandt worden, um die alte irische Clan-Kirche zu *römisieren.* Geklappt habe das nicht ganz. – Vor vielen Jahren habe er sich gewünscht, *ein irischer Oblomov* zu werden. Böll lacht gern, und er freut sich über das Lachen.

Was mich anrührt ist seine Großherzigkeit und Gelassenheit. Seine Ruhe überträgt sich auf sein Gegenüber. Böll hat mit der katholischen Kultur viele Denkmuster der antiken Stoa, der römischen Stoa übernommen. Magnanimitas und Sanftmut. Ich denke, ich begegne zum erstenmal einem homo religiosus.

Später frage ich nach dem laufenden Vorhaben, und ob es Kritisches oder Erzählendes, ob es eine große oder kleinere Arbeit sei. Es ist eine umfangreiche Sache, Erzählendes, von der er noch gar nicht wisse, wohin sie ihn führe. *Fiction, you know?*

Das letzte Werk 1985

Am 17. Juli 1985 empfing eine respektvoll erschütterte Welt die Nachricht von Bölls Tod. Er war am Tag zuvor nach der Entlassung aus dem Krankenhaus an den Folgen seiner Gefäßerkrankung in seinem Haus in Langenbroich gestorben. Am 19. Juli wurde er auf dem Friedhof von Bornheim-Merten bei Bonn beigesetzt.

Vier Wochen später erschien sein letztes umfangreiches Erzählwerk, ein Roman ohne jede Handlung, ohne plot. Das Hauptereignis der Darstellung, die eineinhalb Tage umfaßt, ist ein öffentliches und feierliches Hochamt, von einem Kardinal zelebriert zum Gedenken des zwanzigsten Todestages Erftler-Blums. Es wird vom Fernsehen live übertragen, und am Protokoll der Sitzordnung ist die Rangordnung abzulesen, die in den amtlich und halbamtlich regierenden Kreisen der Hauptstadt Bonn-Godesberg gilt. Denn Erftler-Blum war wohl ein Staatschef gewesen, dessen *Verdienst* um den Staat und Mühe um *die christlichen Werte* vom Kardinal – wie schon beim zehnten und beim fünfzehnten Todestag – gerühmt werden sollen. Man mag an Adenauer denken, muß es aber nicht, da *die christlichen Werte* in Bonn von so vielen öffentlichen Personen vertreten werden und Böll bereits dieses Hauptereignis ohne individuelle Charakteristik belassen hat. Außerdem sieht man das Hauptereignis nicht. Es findet hinter der dargestellten Szene statt. Jedoch wird die Haltung – die weltanschauliche, gesellschaftliche, die religiöse Haltung – der meisten Figuren daran bemessen, wie sie sich zu diesem Hochamt verhalten. Was formal bedeutet, daß sie sich über das Hochamt äußern, daß sie darüber sprechen.

Dem Titel *Frauen vor Flußlandschaft* ist die Gattungsbezeichnung *Roman in Dialogen und Selbstgesprächen* beigegeben. Tatsächlich handelt es sich bei den zwölf Kapiteln um zwölf Szenen, die jeweils mit knappen Orts- und Dekorationsangaben eingeleitet werden, die wie Bühnenanweisungen wirken. Die Szenerie ist simpel: zweimal eine Terrasse mit Blick auf den Rhein, mehrere Male Wohnzimmer, einmal ein Wohnwagen, einmal ein Garten. Der Gedanke an ein Filmscript stellt sich bei dieser äußerst reduzierten optischen Wirkung nicht ein, eher ist man an die Bühne eines ganz leichten Boulevardstücks erinnert. So simpel wie die Szenerie ist die Figurenführung. Da es keine Handlung gibt, ist die

Reihenfolge der Auftritte beliebig. Dialoge überwiegen, einige Monologe dienen der Wiederholung des bereits Gesagten. Nur zweimal belebt sich die Szene. Einmal, anläßlich eines Empfangs zu einer Ministerernennung, lautet die Bühnenanweisung: *Paare... bewegen sich mit Gläsern in der Hand rund um den Rasen, kommen polonaiseartig durch die Mitte, verteilen sich nach links und rechts...*[451] So wandeln die Dialogpartner am Betrachter paarweise vorbei wie Frau Marte und Mephisto bzw. Gretchen und Faust in Frau Martes Garten von «Faust I» – ein so berühmtes dramaturgisches Muster, daß Brecht es im «Arturo Ui» verspottet hat. Das zweite Mal findet kurz vor Ende des Buches eine prozeßartige Befragung und Urteilsfindung unter Beteiligung fast aller statt: auch dies ein klassisches dramaturgisches Modell, ja wahrscheinlich die archaische Grundszene, aus der sich das Drama überhaupt entwickelt hat. Alle diese Formen sind hergebracht und schulgemäß, sie entsprechen schalgewordenen Schaustellertraditionen. So gibt es auch eine formgerechte Exposition, in der – mit herkömmlicher Aussparung des von den Figuren selbst Nachzutragenden – die Beteiligten sowie Ort und Zeit vorgestellt werden. Der Ort Bonn-Godesberg ist schon genannt: *Da alles in diesem Roman fiktiv ist, nur nicht der Ort, an den die Fiktion gestellt ist, bedarf es keiner der üblichen Schutzformeln. Der Ort ist unschuldig, kann sich nicht betroffen fühlen.*[452]

Die Zeit ist die Gegenwart, mehrmals wird auf das Jahr 1945, einmal auf 1951 zurückverwiesen; sonst wird von *vierzig Jahren danach* gesprochen. Wenn also der reale Ort *unschuldig* ist, dann sind es die Epoche und ihre Figuren offenbar nicht. In einer *Vorbemerkung* werden sie – wie das Handwerk des Theaters es mit der Liste der dramatis personae vormacht – der Reihe nach aufgeführt: *Die innere Beschaffenheit der auftretenden Personen, ihre Gedanken, Lebensläufe, Aktionen ergeben sich aus den Gesprächen und Selbstgesprächen, die sie führen. Über ihre äußere Beschaffenheit könnten irrige Vorstellungen entstehen; es erscheint notwendig, einige Details darüber vorweg mitzuteilen.*[453] Einige der Herren sind *exklusiv herrenausgestattet, mit Weste etc.* oder *sind das, was man «gepflegte Erscheinungen» nennt. Über die Kleidung* einiger Damen werde *im Text ausreichend informiert*. Das Alter des Personals ist zwischen zwanzig und siebzig Jahren fixiert; unter den Männern ist die *Altersgruppe der Mittfünfziger bis Siebziger* herausgehoben, das heißt derjenigen, die die Bundesrepublik aufgebaut haben.

Will man die Betrachtung der Bauelemente dieses *Romans in Dialogen und Selbstgesprächen* mit einem Urteil beschließen, so könnte dieses lauten: der neue Formversuch Bölls ist mit den allerherkömmlichsten Mitteln rückständigen Theaters gearbeitet.

Die Betrachtung der formalen Elemente hat indessen schon weit in die Themen des Werks, auch in seinen Gehalt hineingeführt: Der Anspruch des Autors scheint so hoch zu sein, daß er in den *Dialogen und Selbstge-*

sprächen der Figuren das Bild von Entstehung und Funktionieren der bundesrepublikanischen Gesellschaft zeichnen will; oder, wie Böll zu Anfang 1985 in einer Ankündigung des Buches angegeben hat: es solle *Bonn geistig-politisch als Gesamtphänomen erfassen.* Indessen wird kein einziger Leser diesen Anspruch auch nur im entferntesten erfüllt finden.

Die Frauen der Regierenden neigen in Bonn-Godesberg zum Selbstmord, da sie sich um der Karriere des Mannes willen selbst verleugnen müssen. Die Karrieren der Bankiers und Politiker aber sind opportunistisch auf mehr und mehr Gewinn, sei es an Macht oder Geld, gerichtet und haben damit begonnen, daß in Nacht und Nebel Dokumente vom Kriegsende, die jemandem ein Wehrmachts- und Nazi-Engagement hätten anlasten können, in einem See versenkt oder verbrannt worden sind. Den Männern tut dies nichts, die Frauen, die die Vorgänge heimlich beobachtet haben, leben seit vierzig Jahren mit gepeinigtem Gewissen. *Politik ist hart, ist schmutzig, notwendig – und zum Kotzen –* ist ein in seiner Undifferenziertheit oftmals wörtlich wiederkehrendes Thema. Es ist, muß man hinzufügen, das dreihundert Jahre alte Thema der bürgerlichen Öffentlichkeit, zu dem Swift oder Defoe Prägnanteres zu sagen hatten als ein larmoyantes es sei *zum Kotzen.* Dieses Wort gehört zum durchgehenden Sprachbestand in Bölls Buch.

Das Thema wird auch durch die Bewertung, daß Bankiers viel schlimmer als Politiker seien, nicht interessanter; Politiker räumen die notwendige *Scheiße* doch wenigstens beiseite, so wird diese Bewertung begründet. Bankiers hingegen handeln mit Geld, das *aus den Gefilden* Marcos, Pinochets *und sogar* Breschnews gleichermaßen herbeifließt, *diese göttliche Materie, die aus Schweiß und Blut, aus Tränen und Scheiße gemacht wird*[454].

Böll versucht, das Geldthema mythologisch zu erhöhen, indem er es mehrfach mit dem Nibelungenhort, der bei Bonn-Godesberg im Rhein vermutet wird, und dem an ihm klebenden *Drachenblut* und fernerhin mit dem herausgebrochenen Zahngold ermordeter KZ-Häftlinge in Verbindung bringt. Doch das ist nur andeutungsweise vorgetragen und dient kaum dem eigentlichen Zweck, die Schuldzuweisung an die Bankiers zu verstärken. Durch einen – auch im Hintergrund und unentdeckt bleibenden – Geheimtäter, der den Bankiers der Reihe nach zur Strafe ihre Flügel demontiert (Klaviere oder Flügel, an denen jeweils Beethoven, Mozart, Wagner, Brahms und sogar Bach *geklimpert* haben sollen), wird die Hauptthematik widersprüchlich ins Unernste gezogen.

Widersprüchlich, ja soziologisch und ökonomisch falsch ist es auch, Geldkreislauf und Gewinnmaximierung mit Klassenkampf gleichzusetzen, wie in einem Dialog zwischen zwei Frauen vorgetragen:

[A.] *beim Studium habe ich so manches erfahren, auch, als ich in der Bank arbeitete – wo das Geld so hingeht und von wo es zurückkommt, verdreifacht, verzehnfacht, verhundertfacht: Öl, Waffen, Teppiche und*

Mädchen, die sich besaufen oder betäuben müssen, um nicht ständig zu
kotzen, und die dann kotzen, weil sie sich besoffen haben, um nicht zu
kotzen – ...

[B.] *... das klingt doch sehr nach Klassenkampf.*

[A.] *Was sonst ist es denn als Klassenkampf? Und auf den Partys sehen*
sie dann die besoffen und kotzend, die die Mädchen zum Kotzen zwingen
– es ist ein Kotzklassenkampf.[455]

Nichts wird anschaulich gestaltet, alles wird salopp beredet: über die
proletarische Existenz oder daß keine Grafen und Gräfinnen mehr ge-
zeugt werden sollen; ob man nicht lieber nach Kuba oder Nicaragua aus-
wandern solle; daß Hochgestellte dem Höchsten *ihre Frauen immer frei*
zur Verfügung gestellt hätten.

Es ist ein Dokument nicht der Trauer, sondern der Verzagtheit, nicht
der Gesellschaftskritik, sondern der Larmoyanz über eine Gesellschaft,
die *ihren Jesus* verloren habe und deren *Gottesdienste parteikonformer*
als die Partei selbst seien. Das Buch klingt aus in einem Agnostizismus,
der dem des alten, katholisch gewordenen Döblin gleicht:

Wir sind zum Handeln verdammt: ich weiß, was ich tue, aber ich weiß nicht, was ich anrichte.[456]

Bölls Essays, Reden, Aufrufe, Gespräche und Briefe seiner letzten Jahre sind eine bedeutendere Hinterlassenschaft als *Frauen vor Fluß-landschaft.*

Heinrich Böll

Anmerkungen

In den Anmerkungen werden folgende Siglen verwandt:

I–V	= Böll, Werke. Romane und Erzählungen 1–5
Ess. 1–3	= Böll, Werke. Essayistische Schriften und Reden 1–3
Frauen	= Böll, Frauen vor Flußlandschaft. Roman. 1985
J	= Böll, Werke. Interviews 1
Hörsp.	= Böll, Werke. Hörspiele, Theaterstücke, Drehbücher, Gedichte 1
Verm.	= Böll, Das Vermächtnis. Kurzroman [1948/49]. 1981
Bel.	= Böll, Fürsorgliche Belagerung. Roman. 1979
Junge	= Böll, Was soll aus dem Jungen bloß werden? 1981
VG	= Böll, Vermintes Gelände. Essayistische Schriften 1977–1981. 1982
Lit. mag.	= Literaturmagazin 7, 1979 (das neue buch)
Merian	= Heinrich Böll, Werner Koch: Köln gibt's schon, aber es ist ein Traum. In: Merian 12/32 (1979): Köln, S. 134–144

Den Siglen folgen die Seitenzahlen. Andere Publikationen sind durch Kurztitel bezeichnet.

1 J 159
2 J 535
3 Junge 24
4 Ess. 2, 151
5 J 637f.
6 Ess. 1, 363
7 Merian 138
8 Merian 139
9 Merian 142
10 Ess. 1, 362
11 IV 37
12 J 554
13 Ess. 1, 106
14 Hörsp. 23
15 III 20
16 IV 30
17 J 542
18 Junge 27
19 Ess. 1, 363
20 Ess. 2, 122
21 Merian 136

22 Hörsp. 24
23 Hörsp. 29, 38
24 J 151
25 Ess. 1, 284
26 Ess. 1, 106
27 Ess. 1, 106
28 Querschnitte..., Köln 1977, 202
29 Merian 137
30 Ess. 1, 365
31 Ess. 1, 363
32 Merian 138
33 J 540
34 Merian 142
35 W. Lengning, Der Schriftsteller Heinrich Böll, 297
36 A. Böll, Bilder einer deutschen Familie, 1981, 55
37 Junge 69f.

38 Ess. 1, 284
39 A. Böll, a. a. O., 158
40 Junge 75
41 A. Böll a. a. O., 144
42 A. Böll, a. a. 0., 143f.
43 Ess. 1, 284
44 Ess. 1, 284
45 Merian 138
46 J 583
47 J 535
48 J 584
49 Ess. 1, 285
50 Ess. 1, 285
51 Ess. 1, 285
52 J 540
53 J 379
54 A. Böll, a. a. O., 158
55 Ess. 1, 285
56 A. Böll, a. a. O., 148f.
57 A. Böll, a. a. O., 168
58 Junge 12

59 J 363
60 J 364
61 J 366
62 J 365
63 J 531
64 J 365
65 J 365
66 J 365
67 Junge 72f.
68 Junge 68
69 J 362
70 Ess. 2, 123f.
71 A. Böll, a. a. O., 179
72 A. Böll, a. a. O., 178
73 J 371
74 J 540
75 Junge 86
76 Ess. 2, 126
77 Ess. 2, 127
78 Ess. 3, 493
79 A. Böll, a. a. O., 191
80 A. Böll, a. a. O., 184
81 J 540
82 Ess. 2, 126
83 Junge 45
84 J 365
85 J 540
86 Junge 70
87 Ess. 3, 493
88 J 540f.
89 Junge 24
90 Junge 85
91 Ess. 3, 494
92 Junge 70
93 J 366
94 Junge 18
95 Junge 16
96 Junge 16
97 Merian 138
98 Junge 17f.
99 Junge 26
100 Junge 31
101 Junge 32
102 Junge 45
103 Ess. 1, 113
104 Junge 37
105 Ess. 1, 113
106 Junge 38f.
107 Junge 61

108 Ess. 1, 284
109 Junge 33f.
110 Junge 10
111 Junge 18
112 Junge 11f.
113 Merian 138
114 J 613
115 Junge 48f.
116 Ess. 1, 115
117 J 634
118 J 636
119 Junge 17
120 Junge 23
121 Junge 23
122 J 615
123 Junge 8
124 J 613
125 Junge 36
126 Junge 48
127 Junge 79
128 Junge 41
129 J 615f.
130 Junge 43f.
131 Ess. 2, 243
132 J 546
133 J 547
134 Junge 44
135 J 529
136 A. Böll, a. a. O., 208
137 Lit. mag. 46
138 J 534
139 Ess. 1, 53
140 Ess. 1, 53
141 J.-P. Sartre,
     Was ist Literatur?
     1958, 106
142 Lit. mag. 32
143 Lit. mag. 37
144 Lit. mag. 32
145 Ess. 3, 226
146 Lit. mag. 44
147 Lit. mag. 66
147a Ess. 1, 49
148 Lit. mag. 46
149 Junge 71
150 Junge 17
151 Junge 78f.
152 Junge 79
153 Junge 31

154 Junge 26
155 Junge 11
156 Junge 62
157 J 364
158 J 538
159 Junge 25.
160 J 539
161 Junge 74f.
162 Junge 55
163 J 554
164 Junge 58
165 Junge 59
166 J 536
167 J 617
168 J 619
169 J 616
170 J 617
171 Junge 77
172 Junge 35
173 Junge 10
174 Lit. mag. 65
175 J 532
176 Junge 63
177 Junge 67f.
178 Lit. mag. 65
179 Junge 50
180 Junge 53
181 J 618
182 J 619
183 Junge 47
184 Heinrich Mann,
     Essays, Bd. 2,
     1956, 512
185 J 541
186 Ess. 2, 236
187 Junge 14
188 Lit. mag. 32
189 J 626
190 J 542
191 J 626
192 J 385
193 Junge 21
194 Lit. mag. 58
195 Lit. mag. 33
196 K. Adenauer,
     Erinnerungen
     1945–1953,
     1967, 17
197 J 636

198 Ess. 2, 114
199 J 373
200 I 20
201 I 23
202 I 24
203 I 24
204 J 638
205 Ess. 2, 121
206 J 638
207 Ess. 2, 116
208 Lit. mag. 57
209 I 7
210 Verm. 30
211 Lit. mag. 59
212 J 506
213 Ess. 1, 58
214 Lit. mag. 55, 57
215 J 244
216 J 595
217 J. F. G. Grosser,
    Die große Kontro-
    verse, 1963, 24
218 J. F. G. Grosser,
    a. a. O., 31
219 J 595
220 J 591
220a Ess. 2, 79
221 J 142
222 J 245
223 J 596
224 J 592
225 J 593
226 Ess. 3, 249
227 J 592
228 J 245
229 Lit. mag. 32
230 Lit. mag. 53
231 Die Gruppe 47...,
    hg. von R. Lettau,
    1967, 21, 24
232 Ess. 2, 163
233 Ess. 2, 173
234 Die Gruppe 47,
    a. a. O., 334
235 J 245
236 I [14]
237 I 7
238 I 10
239 I 18

240 Lit. mag. 70
241 J 595 ff.
242 Ess. 1, 31
243 Ess. 1, 35
244 Ess. 1, 35
245 I 105
246 I 111
247 I 11
248 Ess. 2, 298
249 Ess. 2, 298
250 Ess. 2, 298
251 Ess. 3, 54
252 J 395
253 J 395
254 J 638
255 Lit. mag. 60
256 J 583
257 J 395
258 J 637
259 Lit. mag. 56
260 Lit. mag. 56
261 Verm. 21
262 I 69
263 Verm. 19
264 Verm. 20 f.
265 Verm. 19
266 I 255
267 I 256
268 I 256
269 I 304
270 I 447
271 II 328
272 II 384
273 III 71
274 III 279
275 IV 349
276 IV 447
277 IV 464
278 IV 323
279 IV 326
280 J 554
281 Bel. 146
282 Bel. 144
283 Bel. 61
284 Bel. 121
285 Bel. 121
286 Lit. mag. 14
287 Verm. 23
288 Bel. 31, 71, 208

289 Verm. 11
290 J 509
291 J 510
292 J 637
293 I 270
294 I 273
295 III 338, 392, 344 f.
296 Lit. mag. 67;
    vgl. auch J 546
297 III 411
298 III 505
299 J 546
300 J 547
301 J 548
302 J 159
303 IV 114
304 Ess. 2, 449
305 IV 141
306 J 124
307 Ess. 2, 61
308 Ess. 2, 198
309 J 641
310 Ess. 2, 41
311 J 308
312 III 202
313 V 336
314 V 298
315 V 341
316 V 364
317 V 382
318 V 65
319 V 304
320 V 304
321 Ess. 1, 533
322 V 125
323 V 239
324 V 189
325 V 289
326 V 302
327 V 303 f.
328 V 245
329 J 170
330 Ess. 2, 86 f.
331 V 358
332 V 352
333 V 13
334 V 14
335 V 364
336 V 342

Von Geld ist die Rede, von wem noch?

«Das Theater war schwach besucht ...

... es gab eine schlechte Einnahme, was mir aber Madame Schröder, die Geld wahrlich brauchte, nie nachgetragen, sondern sich so gegen mich benommen hat, als hätte ich ihr Tonnen Goldes eingebracht ... Bei der dritten Vorstellung fand sich das Theater wie belagert und das Stück machte in Wien und in ganz Deutschland die ungeheuerste Wirkung.

Ungeachtet dieses allgemeinen Anteils hat mir die ... (hier: Name des Theaterstücks) nicht mehr eingetragen als 500 f Papiergeld von der Theaterdirektion und eben so viel vom Verleger, was beides ungefähr 400 f in Silber gleichkommt. Ich ließ nämlich das Stück, auf Schreyvogels Rat, unmittelbar nach der Aufführung drucken, weil die erschienenen Rezensionen den Inhalt und die Gesinnung aufs unverschämteste entstellten. So gaben es alle Theater in Deutschland nach dem gedruckten Exemplar und machten ungeheure Einnahmen, ohne daß es einem einzigen einfiel mir ein Honorar zu zahlen. Das in Wien erhaltene diente übrigens dazu unserm Hauswesen aufzuhelfen. Wir bezahlten die fällige Wohnungsmiete und ich behielt für mich nur 50 f Papiergeld, um die ich mir die Braunschweiger Ausgabe von Shakespeare in englischer Sprache und die Heynesche Iliade anschaffte.» Aus einer Selbstbiographie 1853/54. Wer hat's geschrieben?
(Alphabetische Lösung: 7-18-9-12-12-16-1-18-26-5-18;
das Stück: 1-8-14-6-18-1-21)

Pfandbrief und Kommunalobligation

Meistgekaufte deutsche Wertpapiere - hoher Zinsertrag - bei allen Banken und Sparkassen

Verbriefte Sicherheit

337 I 160
338 I 446
339 V 360
340 J 170
341 III 249
342 III 262
343 V 26
344 V 38
345 V 39
346 V 156
347 V 156
348 V 277
349 J 172
350 J 644
351 J 645
352 J 646
353 Ess. 1, 103
354 J 141
355 Ess. 1, 597
356 Merian 140
357 Ess. 2, 38
358 J 516
359 J 521
360 Ess. 2, 54
361 J 599 f.; s. auch Lit. mag. 65
362 J 376
363 ZEIT Magazin, 3. 11. 1978, 10
364 III 18
365 Ess. 1, 602
366 Ess. 1, 603
367 Ess. 1, 604
368 Ess. 1, 77
369 Ess. 1, 78
370 A. Döblin, Briefe, 1970, 458 ff.
371 B. Brecht, Arbeitsjournal, Bd. 2, 1973, 889
372 R. Nägele, Heinrich Böll, 1976, 43
373 Lit. mag. 19 f.
374 Ess. 3, 525
375 Ess. 2, 393
376 Ess. 2, 73
377 J 581
378 J 147

379 J 587
380 Ess. 2, 537
381 Ess. 2, 538
382 Ess. 2, 608
383 J 587
384 Ess. 3, 162
385 J 510
386 Ess. 2, 545
387 Ess. 2, 547
388 VG 268
389 FAZ, 12. 6. 1972
390 Ess. 2, 570
391 Ess. 2, 605
392 Heinrich Böll, Die verlorene Ehre der Katharina Blum, Informationen zur Ausstellung in der Zentralbibliothek Köln, Red. V. Böll, 1980, 5
393 J 386
394 V 387, 465
395 J 386
396 V 385
397 V 404
398 V 405
399 Ess. 2, 37
400 V 393
401 V 471
402 V 386
403 III 321
404 Lit. mag. 45
405 V 469
406 Ess. 3, 15
407 J 146
408 Ess. 2, 85
409 Ess. 2, 93
410 J 556
411 J 479
412 Merian 140
413 Merian 140 f.
414 Ess. 3, 15
415 Merian 140
416 Verm. 26
417 J 365
418 Lit. mag. 33 f.
419 Junge 57
420 V 326

421 J 554 f.
422 J 560
423 J 561 f.
424 J 563
425 V 474
426 V 480
427 Bel. 306
428 Merian 141
429 VG 77
430 VG 252
431 Ess. 3, 170
432 Ess. 3, 174
433 H. Böll, F. Grützbach, Ein Artikel und seine Folgen, 1982, 9
434 a. a. O., 63
435 F. Duve, H. Böll, K. Staeck, Briefe zur Verteidigung der Republik, 1977
436 die horen 4, 1980, 72
437 VG 123
438 H. Böll, L. Kopelew, Warum haben wir aufeinander geschossen, 1981, 49
439 Bel. 21
440 Bel. 385
441 Bel. 11
442 Bel. 295
443 Bel. 146
444 Bel. 237
445 Bel. 54
446 Bel. 333
447 Bel. 31, 32, 71, 181, 209, 212, 215
448 Bel. 230
449 H. Böll, L. Kopelew, a. a. O., 54
450 VG 265
451 Frauen 176
452 Frauen 11
453 Frauen 13
454 Frauen 145
455 Frauen 51
456 Frauen 225

Zeittafel

1917	Heinrich Böll am 21. Dezember als dritter Sohn Viktor Bölls und seiner zweiten Frau Maria, geb. Hermanns, in Köln geboren
1928–1937	Gymnasium. Abitur
1937–1938	Buchhändlerlehre, erste schriftstellerische Versuche
1938–1939	Reichsarbeitsdienst
1939	Im Sommersemester Studium der Germanistik und klassischen Philologie an der Universität Köln. – Im Spätsommer Einberufung zur Wehrmacht
1939–1945	Infanterist im Zweiten Weltkrieg
1942	Eheschließung mit Annemarie Çech
1944	Tod der Mutter (geb. 1877)
1945	Geburt und Tod des Sohnes Christoph. – Heimkehr nach Köln
1947	Erste Erzählungen veröffentlicht. – Geburt des Sohnes Raimund
1948	Geburt des Sohnes René
1949	*Der Zug war pünktlich*
1950	Geburt des Sohnes Vincent
1951	Preis der Gruppe 47 für die Erzählung *Die schwarzen Schafe*
1954	Erster Besuch Irlands
1959	*Billard um halbzehn*
1960	Tod des Vaters (geb. 1870)
1962	Erster Besuch der Sowjet-Union
1963	*Ansichten eines Clowns*
1964	Poetik-Vorlesungen an der Universität Frankfurt a. M.
1970–1972	Präsident des PEN Bundesrepublik Deutschland
1971–1974	Präsident des internationalen PEN
1971	*Gruppenbild mit Dame*. – Erster Besuch der USA
1972	Nobelpreis für Literatur
1973	Ehrendoktor der Universitäten zu Dublin, Birmingham und Uxbridge
1974	Carl von Ossietzky-Medaille der Internationalen Liga für Menschenrechte. – Ehrenmitglied der American Academy of Arts and Letters. – *Die verlorene Ehre der Katharina Blum*
1977	*Werke. Romane und Erzählungen I–V*
1978	*Werke. Essayistische Schriften und Reden I–III. Hörspiele, Theaterstücke, Drehbücher, Gedichte I. Interviews I*
1979	*Fürsorgliche Belagerung*
1980	Unterzeichnung des «Krefelder Appells» gegen den Nachrüstungsbeschluß der NATO vom 12. Dezember 1979
1981	Teilnahme an der Friedensdemonstration in Bonn am 10. Oktober. –

Was soll aus dem Jungen bloß werden?

1982   Tod des Sohnes Raimund. – *Vermintes Gelände, Essayistische Schriften 1977–1981*. Ehrenbürger der Stadt Köln zum 65. Geburtstag

1983   Verleihung des Professoren-Titels durch die Landesregierung Nordrhein-Westfalen (Ministerpräsident Johannes Rau). – Teilnahme an der Blockade des US-Militärstützpunktes Mutlangen gegen die Stationierung von Pershing 2-Raketen am 1. und 2. September

1984   Ankauf des 1979 als Dauerleihgabe der Kölner Zentralbibliothek überlassenen Archivs sämtlicher Manuskripte und ca. 50000 Briefe aus der Korrespondenz Bölls durch die Stadt Köln. – *Ein- und Zusprüche, Schriften, Reden und Prosa 1981–1983*

1985   Im Frühjahr Ankündigung des nächsten Romans, der *Bonn geistig-politisch als Gesamtphänomen* erfassen soll.

Am 16. Juli an den Folgen einer Gefäßerkrankung nach Entlassung aus dem Krankenhaus in Langenbroich gestorben. Köln flaggt halbmast.

Im August erscheint *Frauen vor Flußlandschaft*

Zeugnisse

Geno Hartlaub
Bölls Sprache [in *Im Tal der donnernden Hufe*] hat den gleichen, gelösten, unbemühten Rhythmus, den wir von seinen Romanen her kennen, sie ist bildkräftig, gesättigt von Anschauung, «organisch», ohne jene Verkrampfungen und Manierismen, die in der experimentellen Literatur der jüngeren Generation so häufig sind.

Sonntagsblatt Nr. 29, 1957

Hans Mayer
Köln ist nicht der Kosmos Heinrich Bölls. Es ist bloßer Schauplatz vieler Geschichten dieses Schriftstellers, aber die Situierung erfolgte aus Gründen des literarischen Handwerks, weil sich Böll in seiner Vaterstadt gut auskennt, nicht jedoch aus Gründen einer tiefen Affinität des Kölners Böll zu seinen Landsleuten und Mitbürgern.

In Sachen Böll. 1968

Carl Zuckmayer
Er ist wohl unter den Schriftstellern seiner Generation, die nach 1945 zu Wort kam, nicht der Wortgewandteste, Fülligste oder Brillanteste. Aber mir scheint, daß seine Sprache, auch seine Erzählweise, die reinste, sauberste und eindrücklichste in der neueren deutschen Literatur ist.

In Sachen Böll. 1968

Hermann Kesten
Er beschreibt seine Zeitgenossen in der Bundesrepublik Deutschland und hadert mit ihnen wie mit sich. Er will ihr Gewissen wecken. Ihr soziales, politisches, moralisches Unrecht sollen sie einsehen. Er spricht ihre Sprache in einem Maß, als schrieben seine Figuren für ihn ihre Geschichten.

In Sachen Böll. 1968

Siegfried Lenz
Das Personal von Böll verpflichtet den Leser in unnachgiebiger Weise zur Zeitgenossenschaft; und Zeitgenossenschaft verlangt nun einmal die Deutlichkeit des Gegenwärtigen. Sein Personal macht uns wieder zu

dem, was wir zwar seit langem sind, was wir uns jedoch aus Gleichgültigkeit oder Zaghaftigkeit nicht einzugestehen wagen: zu Mitwissern. Zu Teilhabern an einem Erinnerungsfonds, der uns mehr belastet als freispricht und der uns nicht nur an unsere vergangene Rolle erinnert, sondern auch an unsere gegenwärtige Aufgabe.

In Sachen Böll. 1968

Georg Lukács
Der «sinnlose» Schuß einer Verrückten, mit dem *Billard um halbzehn* endet, ist eine der wenigen menschlich echten Bewältigungen der faschistischen Vergangenheit in Deutschland, gerade weil in diesem Bewältigungsversuch auch die Vorgeschichte und die Nachgeschichte Hitlers mitgemeint ist.

In Sachen Böll. 1968

Iring Fetscher
Vielleicht ist er von allen zeitgenössischen deutschen Dichtern der bescheidenste und der uneitelste. Gerade weil es ihm nie darauf ankommt, ein Publikum zu gewinnen oder zu halten, Eindruck zu machen oder bewundert zu werden, hat er eine größere «Lesergemeinde» gefunden als alle anderen.

In Sachen Böll. 1968

Jean Améry
Ist Böll wirklich, wie irgend jemand, ich glaube ein Amerikaner, einmal schrieb, «das humane und inkorruptible Gewissen seines Landes, wie einstens Thomas Mann»? Ich weiß es nicht. Aber ich weiß mit Gewißheit ... daß ohne Heinrich Böll die Bundesrepublik Deutschland ein schwächer entwickeltes moralisches Bewußtsein hätte, als dies glücklicherweise der Fall ist: Denn der Sozialist und Katholik Böll ist ein Mann, der sich erinnert.

Die Tat, 21. Oktober 1972

Henri Plard
Böll hat weniger die Absicht, auf eine Frage eine endgültige Antwort zu geben, als vielmehr den vom Krieg erniedrigten Menschen zu zeigen, der dann im Nachkrieg durch das materielle und moralische Chaos den Weg des Rechts und der Liebe sucht: Tod und Auferstehung, Last des Lebens und Gnade der menschlichen Zärtlichkeit sind die beiden Pole, zwischen die sich sein Werk spannt.

Der Schriftsteller Heinrich Böll. 1972

Max Oellers
Böll, Heinrich

25 % Dichter
75 % Hauptschriftsteller
100 % Nobelsteller
Oellers Kleiner hierarchischer Katalog... (text + kritik). 1974

Hans Bender
Nicht unerwähnt darf bleiben, was Sie unternommen haben, um dem Schriftsteller und der Literatur zu ihrer Mitsprache zu verhelfen. Daß es schon fast selbstverständlich ist, ist an erster Stelle Ihr Verdienst.
Brief an Heinrich Böll. In: Literatur in Köln, Nr. 8, 1977

Heinrich Vormweg
Wirklichkeit, die Wirklichkeit des menschlichen Zusammenlebens – sei es in ihren privaten oder in ihren politischen Aspekten – vermittelt sich durch ihn und seine Worte direkter, unverstellter. Böll und was er sagt, bringen einen immer wieder auf was, das man vorher nicht bemerkt hat.
Literatur in Köln, Nr. 8, 1977

Fritz J. Raddatz
Dies – *Fürsorgliche Belagerung* – ist ein hochpolitischer Roman, weit über die erste, sich anbietende Ebene hinaus, die die Entwicklung der Bundesrepublik von einem wachen zu einem Überwachungsstaat vorführt. Es ist eine tödlich-moderne Variante des Hegelschen «Herr und Knecht»-Verhältnisses, eine Industriefamilie der Puntilas und lauter uniformierte «Knecht Matti»-Ameisen. Die sich selber vergiften; denn: unbeschadet tut auch kein Polizeibeamter diesen Dienst.
Die Zeit, 3. August 1979

Michael Zeller
Du fährst zu oft nach Heidelberg: Ein junger Mann wird nach bestandenem Lehrerexamen nicht an seiner Schule angestellt ... Der gerade Abgewiesene verläßt das Dienstzimmer, besinnt sich, denn er *hatte vergessen, sich von der Sekretärin zu verabschieden, ging noch einmal zurück und winkte ihr zu.* Ende der Erzählung. Ist das rheinische Frohnatur? Hintersinn? Altersmilde? Subversive List? Ist das staatsgefährdender Umtrieb am Ende? Solange wir das nicht wissen, wird Heinrich Böll ein Streitfall bleiben.
Frankfurter Allgemeine Zeitung, Magazin, 14. Mai 1982

Bibliographie

Von den Werken Bölls sind außer der Werk-Ausgabe nur die Erstausgaben der Buchpublikationen verzeichnet. Teilsammlungen, Textabdrucke in Anthologien, Zeitschriften und Zeitungen, Vor- und Nachworte sowie Übersetzungen Bölls sind in den Bibliographien von Lengning und Martin (Abschnitt 1) nachgewiesen. – Von der Sekundärliteratur werden die wichtigsten Buchveröffentlichungen und umfangreichere Aufsätze in Zeitschriften angegeben. Ungedruckte Dissertationen und Zeitungsartikel bleiben unberücksichtigt.

1. Bibliographien, Hilfsmittel

Heinrich Böll. Eine Bibliographie seiner Werke. Hg. von WERNER MARTIN. Hildesheim, New York 1975. V, 236 S. (Bibliographien zur deutschen Literatur. 2)

LENGNING, WERNER: Böll-Bibliographie. In: Der Schriftsteller Heinrich Böll. Ein biographisch-bibliographischer Abriß. Neu hg. von WERNER LENGNING. 5. überarb. Aufl. München 1977. (dtv. 530) S. 123–329

SCHUMANN, THOMAS B.: Heinrich Böll. Auswahlbibliographie. In: Heinrich Böll. Eine Einführung in das Gesamtwerk in Einzelinterpretationen. Hg. von HANNO BETH. 2. erw. Aufl. Königstein/Ts. 1980. S. 201–251

BRUHN, PETER: Heinrich Böll in der Sowjetunion. Bibliographie der 1952–1979 in der UdSSR in russischer Sprache erschienenen Schriften von und über ihn. In: PETER BRUHN und HENRY GLADE, Heinrich Böll in der Sowjetunion 1952–1979. Berlin 1980. S. 65–176

Heinrich Böll. 25 Jahre Hörfunkarbeit, zum 60. Geburtstag des Autors zusammengestellt und bearb. von HANS JOACHIM SCHAUSS. In: Hinweisdienst, Deutsches Rundfunkarchiv Frankfurt a. M., 23 (1977), Nr 6, S. 63–89

NÄGELE, RAINER: Heinrich Böll. Einführung in das Werk und in die Forschung. Frankfurt a. M. 1976. 209 S. (Fischer Athenäum Taschenbücher. 2084)

2. Werke

I. Werk-Ausgabe

Werke. Hg. von BERND BALZER. 10 Bde. Köln (Kiepenheuer & Witsch) 1977–1978
   Romane und Erzählungen 1–5
   Essayistische Schriften und Reden 1–3
   Hörspiele, Theaterstücke, Drehbücher, Gedichte 1
   Interviews 1

II. Buch-Erstausgaben

a) Romane

Wo warst du, Adam? Roman. Opladen (Middelhauve) 1951
Und sagte kein einziges Wort. Roman. Köln (Kiepenheuer & Witsch) 1953
Haus ohne Hüter. Roman. Köln (Kiepenheuer & Witsch) 1954
Billard um halbzehn. Roman. Köln (Kiepenheuer & Witsch) 1959
Ansichten eines Clowns. Roman. Köln (Kiepenheuer & Witsch) 1963
Gruppenbild mit Dame. Roman. Köln (Kiepenheuer & Witsch) 1971
Fürsorgliche Belagerung. Roman. Köln (Kiepenheuer & Witsch) 1979
Das Vermächtnis. Kurzroman. [1948/49.] München (Deutscher Taschenbuch Verlag) 1981 [Privatdruck]
Frauen vor Flußlandschaft. Roman in Dialogen und Selbstgesprächen. Köln (Kiepenheuer & Witsch) 1985

b) Erzählungen

Der Zug war pünktlich. Erzählung. Opladen (Middelhauve) 1949
Wanderer, kommst du nach Spa . . . Erzählungen. Opladen (Middelhauve) 1950
Die schwarzen Schafe. Erzählung. Opladen (Middelhauve) 1951
Nicht nur zur Weihnachtszeit. Eine humoristische Erzählung. Frankfurt a. M. (Frankfurter Verlags-Anstalt) 1952
Das Brot der frühen Jahre. Erzählung. Köln (Kiepenheuer & Witsch) 1955
So ward Abend und Morgen. Erzählungen. Zürich (Die Arche) 1955
Unberechenbare Gäste. Heitere Erzählungen. Zürich (Die Arche) 1956
Wanderer, kommst du nach Spa . . . München (List) 1956 [Von der 1950 veröffentlichten Sammlung abweichend]
Im Tal der donnernden Hufe. Erzählung. Frankfurt a. M., Leipzig (Insel Verlag) 1957
Doktor Murkes gesammeltes Schweigen und andere Satiren. Köln (Kiepenheuer & Witsch) 1958
Der Bahnhof von Zimpren. Erzählungen. München (List) 1959
Als der Krieg ausbrach. Als der Krieg zu Ende war. Zwei Erzählungen. Frankfurt a. M., Leipzig (Insel Verlag) 1962
Entfernung von der Truppe. Erzählung. Köln (Kiepenheuer & Witsch) 1964
Ende einer Dienstfahrt. Erzählung. Köln (Kiepenheuer & Witsch) 1966
Erzählungen 1950–1970. Köln (Kiepenheuer & Witsch) 1972
Die verlorene Ehre der Katharina Blum oder: Wie Gewalt entstehen und wohin sie führen kann. Erzählung. Köln (Kiepenheuer & Witsch) 1974
Berichte zur Gesinnungslage der Nation. Köln (Kiepenheuer & Witsch) 1975

c) Hörspiele, Theaterstücke

Die Spurlosen. Hamburg (Hans-Bredow-Institut) 1957
Erzählungen, Hörspiele, Aufsätze. Köln (Kiepenheuer & Witsch) 1961
Ein Schluck Erde. Köln (Kiepenheuer & Witsch) 1962
Zum Tee bei Dr. Borsig. Hörspiele. München (Deutscher Taschenbuch Verlag) 1964
Hausfriedensbruch. Hörspiel. – Aussatz. Schauspiel. Köln (Kiepenheuer & Witsch) 1969

d) Gedichte

Gedichte. Berlin (Literarisches Colloquium) 1972

e) Essayistische Schriften, Reden
Erzählungen, Hörspiele, Aufsätze. Köln (Kiepenheuer & Witsch) 1961
Hierzulande. Aufsätze zur Zeit. München (Deutscher Taschenbuch Verlag) 1963
Frankfurter Vorlesungen. Köln (Kiepenheuer & Witsch) 1966
Die Freiheit der Kunst. Wuppertaler Rede. Berlin (Voltaire-Verlag) 1967
Georg Büchners Gegenwärtigkeit. Eine Rede. Berlin (Verlag der Wolff's Bücherei) 1967
Aufsätze, Kritiken, Reden. Köln (Kiepenheuer & Witsch) 1967
Leben im Zustand des Frevels. Ansprache zur Verleihung des Kölner Literaturpreises an Jürgen Becker. Berlin (Hessling) 1969
Versuch über die Vernunft der Poesie. Nobelvorlesung. Stockholm (Norstedt & Söner) 1973
Neue politische und literarische Schriften. Köln (Kiepenheuer & Witsch) 1973
Einmischung erwünscht. Schriften zur Zeit. Köln (Kiepenheuer & Witsch) 1977
Vermintes Gelände. Essayistische Schriften 1977 – 1981. Köln (Kiepenheuer & Witsch) 1982
Ein- und Zusprüche. Schriften, Reden und Prosa 1981 – 1983. Köln (Kiepenheuer & Witsch) 1984
Bild, Bonn, Boenisch. Bornheim-Merten (Lamuv Verlag) 1984

f) Autobiographische Schriften
Irisches Tagebuch. Erzählungen. Köln (Kiepenheuer & Witsch) 1957
Was soll aus dem Jungen bloß werden? Oder: Irgendwas mit Büchern. Bornheim (Lamuv Verlag) 1981

g) Interviews
Im Gespräch: Heinrich Böll mit Heinz Ludwig Arnold. München (Richard Boorberg Verlag) 1971
Heinrich Böll/Christian Linder: Drei Tage im März. Ein Gespräch. Köln (Kiepenheuer & Witsch) 1975
Heinrich Böll: Eine deutsche Erinnerung. Interview mit René Wintzen. Köln (Kiepenheuer & Witsch) 1979
Heinrich Böll/Jürgen P. Wallmann: Der Autor ist immer noch versteckt. Ein Gespräch. Hauzenberg (Pongratz) 1981
Heinrich Böll und Lew Kopelew: Warum haben wir aufeinander geschossen? Bornheim-Merten (Lamuv Verlag) 1981
Heinrich Böll/Heinrich Vormweg: Weil die Stadt so fremd geworden ist. Gespräche. Bornheim-Merten (Lamuv Verlag) 1985

h) Herausgebertätigkeit
Walter Warnach, HAP Grieshaber, Heinrich Böll, Werner von Trott zu Solz (Hg.): Labyrinth. H. 1–6. Frankfurt a. M., Stuttgart, Hommerich bei Köln 1960–1962
Heinrich Böll, Erich Kock (Hg.): Unfertig ist der Mensch. München (Welt und Arbeit) 1966
Heinrich Böll, Helmut Gollwitzer, Carlo Schmid (Hg.): Anstoß und Ermutigung. Gustav W. Heinemann Bundespräsident 1969–1974. Frankfurt a. M. (Suhrkamp) 1974
Heinrich Böll, Günter Grass, Carola Stern (Hg.): L 76. Demokratie und Sozialismus. Politische und literarische Beiträge. Köln (Europäische Verlagsanstalt) 1976–1977

Freimut Duve, Heinrich Böll, Klaus Staeck (Hg.): Briefe zur Verteidigung der Republik. Reinbek bei Hamburg (Rowohlt) 1977 (rororo aktuell. 4191)

Heinrich Böll (Hg.): Mein Lesebuch. Frankfurt a. M. (Fischer) 1978 (Fischer Taschenbücher. 2077)

Freimut Duve, Heinrich Böll, Klaus Staeck (Hg.): Zu viel Pazifismus? Reinbek bei Hamburg (Rowohlt) 1981 (rororo aktuell. 4846)

Heinrich Böll, Frank Grützbach (Hg.): Ein Artikel und seine Folgen. Immer noch und immer wieder: Springer. Bornheim (Lamuv Verlag) 1982

Heinrich Böll, Freimut Duve, Klaus Staeck (Hg.): Verantwortlich für Polen? Reinbek bei Hamburg (Rowohlt) 1982 (rororo aktuell. 5017)

Heinrich Böll (Hg.): Niemandsland. Kindheitserinnerungen an die Jahre 1945 – 1949. Bornheim-Merten (Lamuv Verlag) 1985

3. Sammelbände

In Sachen Böll. Ansichten und Einsichten. Hg. von MARCEL REICH-RANICKI. Köln 1968. 347 S. – 3. erw. Aufl. 1970. 379 S. – Taschenbuchausg.: München 1971. 259 S. (dtv. 730) – 6. erw. Aufl. 1977. 285 S.

Der Schriftsteller Heinrich Böll. Ein biographisch-bibliographischer Abriß. Neu hg. von WERNER LENGNING. 3. Aufl. München 1972. 355 S. (dtv. 530) – 5. überarb. Aufl. 1977. 329 S.

Heinrich Böll. München 1972. 55 S. (Text und Kritik. 33) – 2. erw. Aufl. 1974. 71 S.

Papers of the 1st, 2nd and 3rd Böll-Seminar of the MLA. In: University of Dayton Review 10 (1973), Nr 2, S. 1–46; 11 (1974), Nr 2, S. 3–64; 12 (1975/76), Nr 2, S. 3–56

LiK. «Literatur in Köln». Nr. 8: Heinrich Böll. Köln 1977. 8 S.

L'80. Heft 36: Heinrich Böll. Köln 1985. 169 S.

4. Gesamtdarstellungen

STRESAU, HERMANN: Heinrich Böll. Berlin 1964. 93 S. (Köpfe des XX. Jahrhunderts. 35) – 6. Aufl., erg. und überarb. von ARNOLD BAUER. 1974. 94 S.

HOFFMANN, LÉOPOLD: Heinrich Böll. Einführung in Leben und Werk. Luxemburg 1965. 84 S. – 2. erw. Aufl. 1973. 110 S.

BERGER, KARL-HEINZ: Heinrich Böll. Leben und Werk. In: GERHARD DAHNE, Westdeutsche Prosa (1945–1965). Ein Überblick. [Und:] KARL-HEINZ BERGER, Heinrich Böll. Berlin 1967. S. 253–352

REID, JAMES H.: Heinrich Böll. Withdrawal and re-emergence. London 1973. 95 S. (Modern German authors. NS. 1)

HOFFMANN, CHRISTINE GABRIELE: Heinrich Böll. Hamburg 1977. 165 S., Abb. (Dressler/menschen)

LINDER, CHRISTIAN: Böll. Reinbek bei Hamburg 1978. 224 S., Abb. (das neue buch. 109)

VOGT, JOCHEN: Heinrich Böll. München 1978. 159 S.

CONARD, ROBERT C.: Heinrich Böll. Boston 1981. 228 S. (Twayne's world authors series. 622)

5. Einzelfragen

BÖLL, ALFRED: Bilder einer deutschen Familie. Die Bölls. Bergisch Gladbach 1981. 239 S., Abb.

BURGAUNER, CHRISTOPH: Ansichten eines Unpolitischen. Gesinnung und Entwicklung Heinrich Bölls. In: Frankfurter Hefte 29 (1974), S. 345–355

LYKKE, NINA, und HANNE MØLLER: Heinrich Böll, der Geist geistloser Zustände. In: Text und Kontext 3 (1975), H. 3, S. 169–183

NÄGELE, RAINER: Heinrich Böll. Die große Ordnung und die kleine Anarchie. In: Gegenwartsliteratur und Drittes Reich. Deutsche Autoren in der Auseinandersetzung mit der Vergangenheit. Hg. von HANS WAGENER. Stuttgart 1977. S. 183–204

WARNACH, WALTER: Heinrich Böll und die Deutschen. In: Frankfurter Hefte 33 (1978), H. 7, S. 51–62

MELICHAR, FRANZ: Individuum und Gesellschaft bei Heinrich Böll und Brendan Behan. Diss. Innsbruck 1979. 335 S.

WIRTH, GÜNTER: «Gefahr unter falschen Brüdern». Anmerkungen zum Charakter und zur Entwicklung der politischen Positionen Heinrich Bölls. In: Weimarer Beiträge 25 (1979), H. 2, S. 56–78

ENDERSTEIN, CARL O.: Heinrich Böll und seine Künstlergestalten. In German Quarterly 43 (1970), S. 733–748

SONG, IKHWA: Die Darstellung des Kindes im frühen Werk Heinrich Bölls. Das Kind in der Rolle des moralischen Gegenspielers zu einer inhumanen Welt. Frankfurt a. M., Bern 1978. 151 S.

ZILTENER, WALTER: Die Literaturtheorie Heinrich Bölls. Bern, Frankfurt a. M. 1980. 247 S.

HUBER, LOTHAR: Ironie als Mittel der Satire im Werk Heinrich Bölls. In: Sprachkunst 9 (1978), S. 101–114

WIRTH, GÜNTER: Tradition «Im Futteral». Bemerkungen über Böll und Stifter. In: Sinn und Form 24 (1972), S. 1018–1041

HERLYN, HEINRICH: Heinrich Böll und Herbert Marcuse. Literatur als Utopie. Lampertheim 1979. 148 S.

MÜLLER-SCHWEFE, HANS-RUDOLF: Sprachgrenzen. Das sogenannte Obszöne, Blasphemische und Revolutionäre bei Günter Grass und Heinrich Böll. München 1978. 214 S.

LENEAUX, GRANT F.: Heinrich Böll and the rehumanization of art. In: Revue des langues vivantes 43 (1977), S. 115–130

REID, JAMES H.: Time in the works of Heinrich Böll. In: German Life and Letters NS. 12 (1958/59), S. 282–291 – Wiederabdruck in: Modern Language Review 62 (1967), S. 476–486

BECKEL, ALBRECHT: Mensch, Gesellschaft, Kirche bei Heinrich Böll. Mit einem Beitrag von Heinrich Böll: «Interview mit mir selbst». Osnabrück 1966. 109 S. (Fromms Taschenbücher Zeitnahes Christentum. 39)

WIRTH, GÜNTER: Heinrich Böll. Essayistische Studie über religiöse und gesellschaftliche Motive im Prosawerk des Dichters. Berlin 1967. 235 S. – 3. erg. Aufl. 1974. 326 S.

GROTHMANN, WILHELM W.: Die Rolle der Religion im Menschenbild Heinrich Bölls. In: German Quarterly 44 (1971), S. 191–207

MOLING, HEINRICH: Heinrich Böll – eine «christliche» Position? Diss. Zürich 1974. 306 S.

GROTHE, WOLFGANG: Biblische Bezüge im Werk Heinrich Bölls. In: Studia neophilologica 45 (1973), S. 306–322

6. Untersuchungen zum Werk

ELJASCHEWITSCH, A.: Menschen mit leiser Stimme. Der schöpferische Weg Heinrich Bölls. In: Kunst und Literatur 13 (1965), S. 1151–1183

NEIS, EDGAR: Erläuterungen zu Heinrich Bölls Romanen, Erzählungen und Kurzgeschichten. Hollfeld 1966. 60 S. (Königs Erläuterungen. 70)

SCHWARZ, WILHELM JOHANNES: Der Erzähler Heinrich Böll. Bern 1967. 129 S. – 3. erw. Aufl. 1973. 153 S.

MIGNER, KARL: Heinrich Böll. In: Deutsche Literatur seit 1945 in Einzeldarstellungen. Hg. von DIETRICH WEBER. Stuttgart 1968. (Kröners Taschenausgabe. 382) S. 258–278 – 3. Aufl. u. d. T.: Deutsche Literatur der Gegenwart. Bd 1. 1976. S. 201–224

KURZ, PAUL KONRAD: Heinrich Böll, nicht versöhnt. In: KURZ, Über moderne Literatur. Standorte und Deutungen. Bd 3. Frankfurt a. M. 1971. S. 11–48

BURNS, ROBERT A.: The theme of non-conformism in the work of Heinrich Böll. Coventry 1973. 87 S. (University of Warwick occasional papers in German studies. 3)

Heinrich Böll. Eine Einführung in das Gesamtwerk in Einzelinterpretationen. Hg. von HANNO BETH. Kronberg i. T. 1975. IX, 214 S. (Scriptor Taschenbücher. 52) – 2. erw. Aufl. Königstein/Ts. 1980. 255 S.

BALZER, BERND: Heinrich Bölls Werke. Anarchie und Zärtlichkeit. Köln 1977. 128 S.

Böll. Untersuchungen zum Werk. Hg. von MANFRED JURGENSEN. Bern 1978. 182 S. (Queensland studies in German language and literature. 5)

REICH-RANICKI, MARCEL: Heinrich Böll. In: REICH-RANICKI, Entgegnung. Zur deutschen Literatur der siebziger Jahre. Stuttgart 1979. S. 99–133

WAGNER, FRANK: Der kritische Realist Heinrich Böll. Die Entwicklung der «Krieg-Frieden»-Problematik in seinen Romanen. In: Weimarer Beiträge 7 (1961), S. 99–125

BAUMGART, REINHARD: Kleinbürgertum und Realismus. Überlegungen zu Romanen von Böll, Grass und Johnson. In: Neue Rundschau 75 (1964), S. 650–664

SOKEL, WALTER HERBERT: Perspective and dualism in the novels of Böll. In: The contemporary novel in German. A symposium. Ed. with introduction by ROBERT R. HEITNER. Austin 1967. S. 9–35

BERNHARD, HANS JOACHIM: Die Romane Heinrich Bölls. Gesellschaftskritik und Gemeinschaftsutopie. Berlin 1970. 373 S. (Germanistische Studien) – 2. erw. Aufl. 1973. 424 S.

DURZAK, MANFRED: Kritik und Affirmation. Die Romane Heinrich Bölls. In: DURZAK, Der deutsche Roman der Gegenwart. Stuttgart 1971. (Sprache und Literatur. 70) S. 19–107 – 3. Aufl. 1979

JEZIORKOWSKI, KLAUS: Heinrich Böll. Die Syntax des Humanen. In: Zeitkritische Romane des 20. Jahrhunderts. Die Gesellschaft in der Kritik der deutschen Literatur. Hg. von HANS WAGENER. Stuttgart 1975. S. 301–317

KAFITZ, DIETER: Formtradition und religiöses Ethos. Zur Realismus-Konzeption Heinrich Bölls (in den Romanen). In: Der Deutschunterricht 28 (1976), H. 6, S. 69–85

PRODANIUK, IHOR: The imagery in Heinrich Böll's novels. Bonn 1979. 146 S.

BERNÁTH, ARPÁD: Heinrich Bölls historische Romane als Interpretationen von Handlungsmodellen. In: Studia poetica 2 (1980), S. 63–125

KRUMBHOLZ, MARTIN: Ironie im zeitgenössischen Ich-Roman. Grass – Walser – Böll. München 1980. 126 S. (Münchener Universitäts-Schriften. 19)

HILL, LINDA: The advoidance of dualism in Heinrich Böll's novels. In: Germanic Review 56 (1981), S. 151–156

Interpretationen zu Heinrich Böll, verfaßt von einem Arbeitskreis. Kurzgeschichten. 2 Bde. München 1965. 101; 106 S. (Interpretationen zum Deutschunterricht an höheren Schulen) – 5. Aufl. 1974–1975

SPYCHER, PETER: Ein Portrait Heinrich Bölls im Spiegel seiner Essays. In: Reformatio 16 (1967), S. 11–24; 106–122

HINRICHSEN, IRENE: Der Romancier als Übersetzer. Annemarie und Heinrich Bölls Übertragungen englischsprachiger Erzählprosa. Ein Beitrag zur Übersetzungskritik. Bonn 1978. 241 S.

POSER, THERESE: Billard um halbzehn. In: Möglichkeiten des modernen deutschen Romans. Analysen und Interpretationsgrundlagen. Hg. von ROLF GEISSLER. Frankfurt a. M. 1962. S. 232–255 – 7. Aufl. 1979

HAASE, HORST: Charakter und Funktion der zentralen Symbolik in Heinrich Bölls Roman «Billard um halbzehn». In: Weimarer Beiträge 10 (1964), S. 219–226

JAECKEL, GÜNTER: Die alte und die neue Welt. Das Verhältnis von Mensch und Technik in Heinrich Bölls Roman «Billard um halbzehn». In: Weimarer Beiträge 14 (1968), S. 1285–1302

JEZIORKOWSKI, KLAUS: Rhythmus und Figur. Zur Technik der epischen Konstruktion in Heinrich Bölls «Der Wegwerfer» und «Billard um halbzehn». Bad Homburg 1968. 229 S. (Ars poetica. 2, 6)

KRETSCHMER, MICHAEL: Literarische Praxis des Mémoire Collective in Heinrich Bölls Roman «Billard um halbzehn». In: Erzählforschung 2. Theorien, Modelle und Methoden der Narrativik. Hg. von WOLFGANG HAUBRICHS. Göttingen 1977. S. 191–215

PASLICK, ROBERT H.: A defense of existence: Böll's «Ansichten eines Clowns». In: German Quarterly 41 (1968), S. 698–710

PACHE, WALTER: Funktion und Tradition des Ferngesprächs in Bölls «Ansichten eines Clowns». In: Literatur in Wissenschaft und Unterricht 3 (1970), S. 151–160

LEISER, PETER: H. Böll: «Das Brot der frühen Jahre», «Ansichten eines Clowns». Biographie und Interpretation. Hollfeld 1974. 116 S. (Analysen und Reflexionen. 8) – 3. veränd. Aufl. Neubearb. von ROLF MÜLLER. 1978. 112 S.

SCHÄDLICH, MICHAEL: Satire und Barmherzigkeit in Heinrich Bölls Roman «Ansichten eines Clowns». In: SCHÄDLICH, Titelaufnahmen. Berlin 1978. S. 57–72

DURZAK, MANFRED: Heinrich Bölls epische Summe? Zur Analyse und Wirkung seines Romans «Gruppenbild mit Dame». In: Basis 3 (1972), S. 174–197

WAIDSON, H. M.: Heroine and narrator in Heinrich Böll's «Gruppenbild mit Dame». In: Forum for modern language studies 9 (1973), Nr 2, S. 123–131

RIECK, WERNER: Heinrich Böll in der Rolle des Rechercheurs. Gedanken zur Erzählweise im Roman «Gruppenbild mit Dame». In: Wissenschaftliche Zeitschrift der Pädagogischen Hochschule Potsdam 18 (1974), S. 249–255

Die subversive Madonna. Ein Schlüssel zum Werk Heinrich Bölls. Hg. und mit einem Vorwort von RENATE MATTHAEI. Köln 1975. 158 S. (pocket. 59)

HÜBENER, RAOUL: Der diffamiert-integrierte «Anarchismus». Zu Heinrich Bölls

Erfolgsroman «Gruppenbild mit Dame». In: Deutsche Bestseller – deutsche Ideologie. Ansätze zu einer Verbraucherpoetik. Hg. von HEINZ LUDWIG ARNOLD. Stuttgart 1975. (Literaturwissenschaft – Gesellschaftswissenschaft. 15) S. 113–144

GROTHMANN, WILHELM H.: Zur Struktur des Humors in Heinrich Bölls «Gruppenbild mit Dame». In: German Quarterly 50 (1977), S. 150–160

MYERS, DAVID: Heinrich Böll's «Gruppenbild mit Dame»: aesthetic play and ethical seriousness. In: Seminar 13 (1977), S. 189–198

KAISER, HERBERT: Die Botschaft der Sprachlosigkeit in Heinrich Bölls Roman «Gruppenbild mit Dame». In: Wirkendes Wort 28 (1978), S. 221–232

LÜBBE-GROTHUES, GRETE: Sinnlichkeit und Religion in Heinrich Bölls «Gruppenbild mit Dame». In: Expedition Literatur. Wissenschaft, Didaktik, Texte. Festschrift für Hedwig Klüber zum 65. Geburtstag. Hg. von PETER CONRADY und HERMANN FRIEDRICH HUGENROTH. Münster 1979. S. 75–102

Materialien zur Interpretation von Heinrich Bölls «Fürsorgliche Belagerung». Köln 1981. 96 S.

VIEREGG, AXEL: Heinrich Bölls früher Text «Der Mann mit den Messern» als Einführung in die Thematik seines Werkes. In: Der Deutschunterricht 28 (1976), H. 6, S. 51–68

DANIELS, KARLHEINZ: Wandlung des Dichterbildes bei Heinrich Böll: Wir Besenbinder. Es wird etwas geschehen. In: Neophilologus 49 (1963), S. 32–43

ZIMMERMANN, WERNER: Der Zug war pünktlich. In: ZIMMERMANN, Deutsche Prosadichtungen der Gegenwart. Interpretationen für Lehrende und Lernende. Düsseldorf 1954. S. 99–118 – 6. Aufl. Teil 2. 1962. S. 102–121

BERNÁTH, ARPÁD: Der Anfang eines mystischen Versuches. Zur Interpretation der Erzählung «Der Zug war pünktlich» von Heinrich Böll. (Teilstudie.) In: BERNÁTH [u. a.], Texttheorie und Interpretation. Untersuchungen zu Gryphius, Borchert und Böll. Hg. von HELMUT KREUZER. Kronberg i. T. 1975. (Text, Kritik, Geschichte. 9) S. 225–264

LAUSCHUS, LEO: Heinrich Böll, «Wanderer, kommst du nach Spa ...». In: Der Deutschunterricht 10 (1958), H. 6, S. 75–86

PHLIPPEN, ANNELIESE: Heinrich Böll, «So ein Rummel». In: Der Deutschunterricht 10 (1958), H. 6, S. 69–75

CONARD, ROBERT C.: Böll contra Brecht. «The Balek scales» reassessed. In: Perspectives and personalities. Studies in modern German literature honoring Claude Hill. Ed. by RALPH LEY. Heidelberg 1978. S. 101–109

STÜCKRATH, JÖRN: Heinrich Böll: «Die Waage der Baleks». In: Deutsche Novellen von Goethe bis Walser. Hg. von JAKOB LEHMANN. Bd 2. Königstein/Ts. 1980. (Scriptor Taschenbücher. S 156) S. 237–260

COUPE, W. A.: Heinrich Böll's «Und sagte kein einziges Wort». An analysis. In: German Life and Letters NS. 17 (1963/64), S. 238–249

LEHMANN, JAKOB: Der Tod der Elsa Baskoleit. In: Interpretation moderner Kurzgeschichten. Hg. von der Fachgruppe Deutsch–Geschichte im Bayerischen Philologenverband. Frankfurt a. M. 1956. S. 19–30 – 11. Aufl. 1976

FABRITIUS, RUDOLF: Komik, Humor und Verfremdung in Heinrich Bölls Erzählung «Unberechenbare Gäste». In: Der Deutschunterricht 18 (1966), H. 3, S. 63–70

STONE, MARGARET: Heinrich Böll, «Das Brot der frühen Jahre». Interpretationen. München 1974. 127 S. (Interpretationen zum Deutschunterricht)

ZIMMERMANN, WERNER: Doktor Murkes gesammeltes Schweigen. In: ZIMMER-
MANN, Deutsche Prosadichtungen unseres Jahrhunderts. Interpretationen für
Lehrende und Lernende. Neufassung. Bd 2. Düsseldorf 1966. S. 239–249

BRINKMANN, HENNING: Heinrich Bölls «Es wird etwas geschehen». Eine hand-
lungsstarke Geschichte. Aufschließung eines literarischen Textes von den Satz-
modellen aus. In: Wirkendes Wort 14 (1964), S. 365–375

KONIECZNA, E.: Die Veränderung der weltanschaulich-ästhetischen Position
Heinrich Bölls in den Erzählungen «Entfernung von der Truppe» und «Ende
einer Dienstfahrt». In: Filologia Germańska 1 (1974), S. 135–147

BIALEK, HALINA: Heinrich Bölls «Ende einer Dienstfahrt». Versuch einer Interpretation. In: Germanica Wratislaviensia 15 (1971), S. 47–60

LUDWIG, GERD: Sprache und Wirklichkeit in Heinrich Bölls Erzählung «Die verlorene Ehre der Katharina Blum». Eine literarische Auseinandersetzung mit dem
Sensationsjournalismus. Hollfeld 1976. 103 S. (Königs Erläuterungen und Materialien. 308/309)

PEUCKMANN, HEINRICH: Unterrichtseinheit Heinrich Böll: Die verlorene Ehre der
Katharina Blum oder: Wie Gewalt entstehen und wohin sie führen kann. In:
HORST HENSEL (Hg.), Unterrichtseinheiten zur demokratischen Literatur. Eine
Publikation des «Werkkreis Literatur der Arbeitswelt». Frankfurt a. M. 1977.
S. 15–43

PAYNE, PHILIP: Heinrich Böll versus Axel Springer: some observations on «Die
verlorene Ehre der Katharina Blum». In: New German Studies 6 (1978), S. 45–57

SCHEIFFELE, EBERHARD: Kritische Sprachanalyse in Heinrich Bölls «Die verlorene
Ehre der Katharina Blum». In: Basis 9 (1979), S. 169–187

PETERSEN, ANETTE: Die Rezeption von Bölls «Katharina Blum» in den Massen-
medien der BRD. Kopenhagen, München 1980. 110 S.

Heinrich Böll. Die verlorene Ehre der Katharina Blum oder: Wie Gewalt entstehen und wohin sie führen kann. Informationen zur Ausstellung in der Zentralbibliothek Köln, Juni 1980. Redaktion: VIKTOR BÖLL. Köln 1980. 19 S., 1 Faks.

PREUSS, HELMUT: Von der Kunst der Reiseschilderung in Heinrich Bölls «Irisches
Tagebuch». Eine Sprach- und Strukturanalyse in exemplarischer Darstellung.
In: Sprachwissenschaft und Deutschdidaktik. Festschrift für Wilhelm L. Höffe.
Hg. von EBERHARD OCKEL. Kastellaun 1977. (Sprache und Sprechen. 6) S. 244–
256

7. Wirkung

NÄGELE, RAINER: Aspects of the reception of Heinrich Böll. In: New German Cri-
tique 7 (1976), S. 45–68

WHITE, RAY LEWIS: Heinrich Böll in America, 1954–1970. Hildesheim, New York
1979. 170 S.

ZILTENER, WALTER: Heinrich Böll und Günter Grass in den USA. Tendenzen der
Rezeption. Bern, Frankfurt a. M. 1982. 108 S. (Europäische Hochschulschrif-
ten. Reihe 1. 537)

BUKOWSKI, PETER: Zur Rezeption des kritischen Realismus in der Sowjetunion.
Die Kritik der Werke Heinrich Bölls. In: Rezeption westeuropäischer Autoren in
der Sowjetunion. Auswahlkriterien und Kritik. T. 2. Hg. von IRNE NOWIKOWA.

Hamburg 1979. (Hamburger Beiträge für Russischlehrer. 15) S. 41–104

BRUHN, PETER, und HENRY GLADE: Heinrich Böll in der Sowjetunion 1952–1979. Einführung in die sowjetische Böll-Rezeption und Bibliographie der in der UdSSR in russischer Sprache erschienenen Schriften von und über Heinrich Böll. Berlin 1980. 176 S., 15 Abb.

Böll in Reutlingen. Eine demoskopische Untersuchung zur Verbreitung eines erfolgreichen Autors. In: Literatur und Leser. Theorien und Modelle zur Rezeption literarischer Werke. Hg. von GUNTER GRIMM. Stuttgart 1975. S. 240–271

GRÜTZBACH, FRANK (Hg.): Heinrich Böll: Freies Geleit für Ulrike Meinhof. Ein Artikel und seine Folgen. Köln 1972. 192 S. (pocket. 36) – 2. Aufl. in: HEINRICH BÖLL und FRANK GRÜTZBACH (Hg.), Ein Artikel und seine Folgen. Immer noch und immer wieder: Springer. Bornheim 1982

Heinrich Böll als Filmautor. Rezensionsmaterial aus dem Literatur-Archiv der Stadtbücherei Köln zusammengestellt anläßlich der Böll-Filmreihe der Volkshochschule Köln. Redaktion: VIKTOR BÖLL und IVONNE JÜRGENSEN. Köln 1982. 98 S.

Nachbemerkung

Hanns Grössel und Wolfgang Wendler danke ich für Kritik und Rat bei der Niederschrift, Ilse Schröter für Lektürehilfen.

Für das freundschaftlichste Entgegenkommen bei der Beschaffung von Materialien, der Beantwortung von Fragen danke ich Renate Grützbach. René Böll danke ich für die Überlassung von Fotografien. Viktor Böll danke ich für Dokumentationen aus dem Literatur-Archiv der Stadtbücherei Köln und die Bereitstellung von Faksimiles. Joan Daves danke ich für USA-Recherchen.

Vom Historischen Archiv der Stadt Köln danke ich Brigitte Holzhauser, Dr. Matzerath und Dr. Militzer für freundliche Hilfe und Auskünfte.

Hamburg   K. S.

Namenregister

Die kursiv gesetzten Zahlen bezeichnen die Abbildungen, die Sternchen verweisen auf die Fußnoten.

Über den Autor

Klaus Schröter, geb. 1931, Mitarbeit an der Goethe-Bibliographie, Universität Hamburg; Autor der Monographien über Thomas Mann, Heinrich Mann und Alfred Döblin (Rowohlt), und, zusammen mit Helmut Riege, des Hermes Handlexikons Johann Wolfgang Goethe (Econ).

1969 Columbia University, New York; 1972 Professor für deutsche und vergleichende Literaturgeschichte, State University of New York at Stony Brook.

Herausgeber von rowohlts bildmonographien

Quellennachweis der Abbildungen

KLAUS SCHRÖTER

THOMAS MANN
mit Selbstzeugnissen und Bilddokumenten
185. Tausend. rowohlts monographien Band 93

ROWOHLT 1964

HEINRICH MANN
mit Selbstzeugnissen und Bilddokumenten
67. Tausend. rowohlts monographien Band 125

ROWOHLT 1967

ALFRED DÖBLIN
mit Selbstzeugnissen und Bilddokumenten
20. Tausend. rowohlts monographien Band 266

ROWOHLT 1978

ANFÄNGE HEINRICH MANNS
Zu den Grundlagen seines Gesamtwerks
Germanistische Abhandlungen Band 10

METZLER 1965

HEINRICH MANN
Untertan – Zeitalter – Wirkung. Drei Aufsätze
Texte Metzler Band 17

METZLER 1971

LITERATUR UND ZEITGESCHICHTE
Fünf Aufsätze zur deutschen Literatur im 20. Jahrhundert
Die Mainzer Reihe Band 26

v. HASE & KOEHLER 1964

JOHANN WOLFGANG GOETHE
Hermes Handlexikon ETB 10022
(zusammen mit Helmut Riege)

ECON 1983